# Murmures sur l'essentiel

Du même auteur
*aux Éditions J'ai lu*

Libérez votre créativité !, *J'ai lu* 7124

ANNE BACUS-LINDROTH

# Murmures sur l'essentiel

Conseils de vie d'une mère à ses enfants

J'AI LU

*Bien-être*

*À Éléonore et Jade,*
*Raphaël et Ariane.*

# Introduction

*« J'écris non parce que vous ignorez la vérité mais parce que vous la savez. »*

1 Jean 2,21

La vie nous est donnée sans mode d'emploi. Devenir adulte est un dur chemin. Ce que j'ai appris des autres et ce que la vie m'a enseigné, j'ai eu envie de le partager. Avec mes enfants, d'abord, puis avec les jeunes qui se posent les mêmes questions. Le but n'est ni de leur faire la leçon, ni de leur épargner erreurs ou blessures, mais de les accompagner. C'est si long d'apprendre à vivre et à aimer ! Je ne détiens pas de vérités dont ils seraient ignorants : il n'y a d'autre vérité que ce qui est là. J'incline juste le projecteur. J'écris sur ce qui fait la vie de tous les jours, m'efforçant de parler au plus simple, au plus près du réel. Ce livre ne vaudra la peine d'avoir été écrit que s'il peut, un jour ou l'autre, changer quelque chose à une vie. Renvoyer vers elle plus lucide, plus joyeux ou plus aimant. Celui qui trouve ici des mots qui ont du sens pour lui, qu'il les fasse siens. Sinon, qu'il mette ce livre de côté et aille son chemin. Seule cette vie compte, et elle lui appartient.

# Prends les commandes de ta vie

*« Soit l'argent, soit le chant. Soit le monde, soit l'amour.*
*On ne peut servir les deux à la fois. »*

Christian BOBIN

*« Et ce que vous avez appelé monde, il faut que vous commenciez par le créer : votre raison, votre imagination, votre volonté, votre amour doivent devenir ce monde. »*

Friedrich NIETZSCHE

C'est à vous de choisir votre vie, dans la marge de liberté qui est la vôtre. Le poids des contraintes sociales et culturelles a toujours existé. Les parents ont toujours tenté d'influencer le cours de la vie de leurs enfants dans un sens qui leur semblait bon. Il y a ceux qui suivent ces rails : ce chemin leur convient, ou bien il les dispense d'avoir à se remettre en cause. Reprendre le cabinet de papa, se faire embaucher dans le même atelier, ou faire les mêmes études que maman, c'est un peu comme glisser ses pieds dans des pantoufles toutes chaudes. Dans un monde glacé, c'est tentant. Par ailleurs, penser que l'on n'a pas eu le choix, et que d'autres (la vie, les parents, les circonstances) ont décidé pour vous a quelque chose de confortable. On peut râler et se complaire dans les phrases du type : « Ah, si j'avais pu décider... »

Et puis, il y a toujours eu ceux qui ont réfléchi, et que cela a entraînés à faire un pas de côté. Quand on quitte la grand-route, on se retrouve parfois bien seul. S'il y a eu erreur, on ne peut s'en prendre qu'à soi-même. Mais on a choisi d'écrire sa propre vie. Quand j'étais adolescente, j'ai été très frappée par la lecture d'un roman qui se passait au Moyen Âge. Il y était question d'un jeune garçon qui vivait dans un village. Dans sa famille, on était meunier de père en fils. Lui avait choisi, contre son père, de quitter le moulin et de partir sur les routes pour devenir compagnon tailleur de pierre. Son but : construire une cathédrale.

**Trouvez votre vérité**

La place du père a beaucoup changé dans notre société. On ne le voit plus moudre la farine ou ferrer les chevaux. On le voit surtout rentrer harassé le soir, sans que ses enfants sachent trop bien à quoi il passe ses journées. Il n'y a pas de flambeau à transmettre. Les mères travaillent aussi au-dehors, et on ne les voit plus tricoter les pulls d'hiver ou pétrir la pâte à pain. Les femmes, dont l'avenir était tracé d'avance et s'inscrivait tout entier entre la maison et les enfants, ont maintenant accès à tous les métiers. Notre société a beaucoup gagné en liberté. Vous pouvez choisir de vous marier ou non, d'avoir ou non des enfants, de faire tel ou tel métier, de voyager, d'habiter où bon vous semble. À vous de prendre les pièces du puzzle qui vous conviennent et de les assembler pour composer votre existence.

Tous ces possibles, même limités par les contraintes du réel, rendent les décisions plus difficiles à prendre. Qui, hormis les professionnels de l'orientation, connaît tous les métiers actuels et les filières qui y mènent ? Comment se repérer quand on n'a plus de carte ? Nous vivons une époque formidable et neuve, où tous nos savoirs se révèlent faux : l'avenir est à inventer et les possibles, illimités.

Alors réfléchissez. Voyez ce que vous voulez faire de votre vie. Personne ne choisira pour vous, jamais. Le croire, c'est se mentir. Car, dans ce cas, vous auriez choisi de laisser choisir autrui à votre place... Écoutez ce que les adultes ont à dire, et prenez ce qui vous semble juste. Même avec un vrai projet en tête, il arrive que l'on prenne le mauvais chemin. Vous avez le droit de vous tromper. Bifurcation, formation, divorce sont autant de « deuxièmes chances » que la vie nous permet. Mais c'est votre intérêt que tout cela forme « une belle vie ». Ne la copiez pas sur autrui. Vous n'en avez qu'une : qu'elle soit vôtre.

### « Ah, si seulement... ! »

Prendre les commandes de votre vie, c'est vous inscrire dans la réalité. Il n'y a qu'une vérité, c'est ce qui est. Le reste n'existe pas et ne mérite pas qu'on s'y arrête. Chaque fois que vous commencez une phrase par « si » en regrettant ce qui n'a pas été, vous êtes dans l'erreur. Alors, ne perdez pas votre temps à comparer votre vie à ce qu'elle aurait pu être si les choses avaient été différentes. Les choses sont comme elles sont. Point. Je connais des gens qui restent toute leur vie bloqués sur un regret. « Ah, si seulement j'avais pu faire les études que je voulais », « Ah, si j'avais épousé la femme que j'aimais », etc. Bien sûr, leur vie aurait été différente : n'importe quel élément de notre histoire peut en changer le cours total. Mais alors, ils en oublient de vivre pleinement cette existence qui est la leur, qui est la seule.

Vous, je vous entends dire : « Tu imagines, si je n'avais pas été là quand elle a téléphoné ! », « Si j'avais été plus grande, j'aurais pu être hôtesse de l'air », « Tu te rends compte, si je n'avais pas eu la grippe, j'aurais certainement réussi mon concours. » Dans un autre monde, tout serait mieux. Les enfants qui ont été privés d'un de leurs parents l'idéalisent toujours : l'absent est, dans leur imaginaire, un être merveilleux. Tandis que celui qui est là, qui se fâche pour les mauvaises notes et exige que l'on ramasse ses chaussettes... Quant à moi, si j'avais joué les bons numéros à la loterie, je serais millionnaire. Comme le chantait Brel : « Toi, si t'étais le Bon Dieu, tu n'serais pas économe, de ciel bleu. » Oui, mais dehors il pleut.

Cela me fait penser à cette passion qu'ont les enfants des écoles, actuellement, pour ces jouets électroniques où l'on doit prendre soin d'un animal virtuel. On le nourrit et on le câline en appuyant sur des boutons. Si l'on se trompe, il meurt. Si l'on ne se trompe pas aussi, mais un peu plus tard. Et les enfants pleurent un compagnon qui n'a jamais existé. La réalité, c'est qu'il y a un chat à la maison, qui parfois fait ses griffes sur le canapé, un chien qu'il faut sortir matin et soir, des poissons rouges dont il faut changer l'eau et un cochon d'Inde qu'il faut faire garder pendant les vacances. Tout ce beau monde demande bien plus que d'appuyer sur des boutons. Mais leurs câlins à eux, ce sont de vrais câlins, et leur vie, une vraie vie.

Les exemples où l'on compare le vrai et le faux, le réel et l'imaginaire, sont innombrables et l'on peut jouer à ce petit jeu bien longtemps. On passe ainsi à côté non pas de l'essentiel, mais du tout. Nous n'avons qu'une vie, et tout le reste est du rêve. Dans le rêve, tout est possible : réussir son concours, être riche et amoureux, beau et chanceux, etc. En comparaison, la vie quotidienne semble bien terne et aléatoire. Mais on ne peut comparer ce qui existe à ce qui n'existe pas. Le réel a peut-être beaucoup d'inconvénients, mais il a l'immense avantage d'être là. Avec des « si », vous ne construirez jamais rien.

« Les espérances vaines sont pour les insensés et les songes donnent des ailes aux sots », dit l'Ecclésiaste (37, 13).

### Décidez, je serai à vos côtés

On parle souvent ensemble de votre vie, de ce que vous en ferez. Vous possédez déjà une expérience personnelle. Vous lisez, parlez, interrogez. Ainsi, vous construisez votre propre vérité, sans avoir besoin de me ressembler ou d'être d'accord avec moi. C'est cela devenir adulte.

Il est normal que nous divergions sur beaucoup de points : notre regard ne peut être le même. Lorsque nous nous promenons dans un magasin de vêtements, tu me demandes mon avis sur ce que tu aimes, et bien souvent nos goûts sont différents. Quoi de plus normal ? Pour aller au cinéma ensemble, il n'est pas toujours facile de nous mettre d'accord sur un programme. C'est comme cela chaque fois. Dans chaque famille. L'écart entre les générations se traduit fréquemment par le conflit du même nom. Vos goûts et vos désirs sont légitimes et méritent d'être pris en compte. Vos idées valent les miennes. Je n'ai pas raison chaque fois, vous le savez bien. Vous devez vous forger vos convictions en essayant par vous-mêmes, plutôt que de me croire sur parole. Alors, n'hésitez pas à affirmer vos choix. Même si vous optez pour ce que je vous déconseillais, j'essaierai de vous aider à le réaliser.

J'ai plus d'expérience; vous avez plus de dynamisme, d'imagination et de temps devant vous. Vous êtes des êtres complets dont j'ai beaucoup à apprendre. Chacun de nous a droit à l'erreur. Même si je n'approuve pas vos actes et vos choix, si vous y croyez vraiment, allez-y. Jamais je ne vous en ferai reproche.

### Comptez sur vous-mêmes

On peut le plus souvent compter sur quelques personnes de son entourage. Mais elles ne seront pas toujours là. Alors le mieux, c'est encore de compter sur soi-même. Cela ne veut pas dire qu'on ne peut pas se faire aider des autres, ni qu'il faut se méfier a priori de tous ceux qui nous entourent. Au contraire, travailler en équipe est souvent plus fructueux que tout seul. On met en commun ses idées et son énergie, et les compétences des uns pallient les manques des autres. Favorisez, aussi souvent que possible, la coopération et la confiance. Mais, malgré tout, fondamentalement, il est clair qu'on ne peut compter que sur soi-même. Encore un paradoxe apparent auquel se confronter. Pour prendre une image simple : appuyez-vous sur l'autre, mais pas au point de tomber s'il fait un pas de côté. Vous souvenez-vous des paroles de cette vieille ballade irlandaise qu'interprétait Graeme Allwright ?

> *« Contre un jeune chêne, je me suis appuyé,*
> *Pensant qu'il pouvait résister,*
> *Mais hélas il a plié,*
> *Comme mon amour, il s'est brisé. »*

On se trouve souvent dans des situations où l'on ne doit compter que sur soi, même si ce n'est pas ce qui était prévu au départ. Je me souviens d'un exposé sur l'économie de la Russie que vous deviez préparer à deux. Après plusieurs tentatives, tu as réalisé que tu serais seule à travailler. Ta copine n'avait aucune idée, aucun désir et n'a rien fait. Tu as dû, alors qu'il ne restait que quelques jours, prendre en charge tout l'exposé et le présenter seule, en votre nom à toutes les deux. Moi, c'est un livre que j'ai dû finalement écrire seule alors que nous avions été deux à signer le contrat. Le coauteur, pour des raisons de santé, s'est vu incapable de rédiger sa partie. Je m'y suis mise, alors que ce n'était pas mon domaine. Mais c'était cela, ou bien le livre n'aurait jamais paru.

Vous ne pouvez jamais compter totalement sur l'autre. Il est humain, donc il est faillible. On ne peut déjà pas toujours compter sur soi-même... Je croyais avoir le courage de faire une quiche, mais je me suis sentie trop fatiguée. Je voulais être rentrée à 7 heures, mais le fait d'avoir traîné et d'être partie trop tard m'en a empêchée. Tu voulais te lever tôt, mais tu as arrêté ton réveil et tu t'es rendormi. Votre père avait projeté de vous accompagner à la piscine dimanche, mais la grippe l'a cloué au lit. Si l'on ne peut même pas compter sur soi, comment pourrait-on compter sur l'autre ? Comment pourrait-on attendre de lui qu'il soit plus fiable qu'on ne l'est soi-même ?

Compter sur soi-même, c'est aussi, dans les décisions que l'on a à prendre, ne chercher que l'approbation de sa conscience, plutôt que celle des voisins ou amis. Ne pas dépendre des critiques ou des jugements. Les vraies réponses, c'est en vous que vous les trouverez. Personne ne décide pour nous et personne n'assume pour nous. La force nécessaire se trouve dans le monde intérieur qu'il appartient à chacun de développer. Nous sommes responsables de nos pensées, de nos sentiments, de notre état d'esprit et de nos comportements. C'est ce travail sur soi, cette autodiscipline, qui permet finalement d'être libre des jugements d'autrui et de savoir que l'on peut compter sur soi-même.

## Choisir sa direction

Quand on prend les commandes d'un navire, on sait généralement pour quelle traversée on se prépare et quelle est la destination. Le but de notre voyage, de notre vie, nous le connaissons. Mais par quel trajet nous y rendre, c'est ce qu'il faut décider. Choisir, c'est renoncer. « Soit l'argent, soit le chant. » Soit l'oiseau, soit le chasseur. Mais la route est longue, et les embranchements nombreux. Où trouverez-vous les bases de votre « savoir-vivre » ? Sur quelles convictions vous appuierez-vous ?

Laissez-moi vous raconter une petite histoire que j'ai entendue de la bouche de Christiane Singer lors d'une conférence. Ahmed rêve d'aller prier à la mosquée. Pendant des jours, il travaille et met de l'argent de côté pour pouvoir se rendre à la ville. Enfin, le grand jour arrive. Ahmed prend son chameau et marche deux jours, en plein soleil, pour se rendre à la mosquée. Une fois arrivé, il laisse son chameau, entre dans la mosquée et, plein de ferveur, loue Dieu pendant plusieurs heures. Quand il ressort, plus de chameau. Il s'adresse à Dieu et lui dit : « Alors quoi, j'attends des jours, je marche des heures, je te prie avec ferveur, et tu ne peux même pas surveiller mon chameau un moment ? » Alors un vieil homme s'approche d'Ahmed et lui dit : « Tu ne sais donc pas que Dieu n'a que nos mains pour agir ? Il fallait l'attacher, ton chameau ! »

Quel que soit le nom dont vous nommez ce Dieu, Allah, la Vie, la Vérité, il n'a que nos mains pour agir. Il n'y a que nos mains pour faire ce monde, que notre intelligence pour le sauver de notre bêtise, que nos bouches pour crier ou dire la tendresse.

Voici une autre histoire, soufi celle-là[1], mais toutes les sagesses se rejoignent sur l'essentiel. Un saint homme habite une maison au bord de la rivière. Un jour, l'inondation menace. Le maire vient le voir pour l'évacuer. Le saint homme refuse : « J'ai confiance en Dieu, il me protégera et ne me laissera pas me noyer. » La crue arrive. L'homme se réfugie sur le toit de sa maison. Les pompiers viennent en barque le chercher. Nouveau refus et nouvelle profession de foi. Il en est de même avec la protection civile, venue le sauver en hélicoptère. Finalement, le saint homme se noie. Il se retrouve devant Dieu, fâché : « Explique-moi : j'ai eu confiance en toi et tu ne m'as pas protégé. » Dieu répond : « Comment peux-tu dire cela ? Et le maire ? Et les pompiers ? Et l'hélicoptère ? Je les ai envoyés pour quoi à ton avis ? »

La vie n'a que nous, nos mains, notre courage, notre solidarité, pour rendre ce monde plus humain. Rien ne vient « du ciel » que nous n'ayons contribué à faire. L'avenir a besoin de chacun de nous. Quand vous choisirez votre chemin, pensez à cela. L'avenir dépend de vous. Agissez. Aucun geste n'est inutile ou sans conséquence. Nous ne savons jamais ce que donnera cette action ou cette parole. Tu plantes une graine, tu fais ce que tu crois devoir faire, et tu passes ton chemin. D'autres arroseront, les racines s'enfonceront dans le sol, puis un jour une pousse sortira de terre. Si le battement d'une aile de papillon peut déclencher un ouragan à mille kilomètres de là, alors les choix que vous ferez pour votre vie peuvent certainement changer le monde. Il n'y a pas de petites choses. « On rapporte qu'un lionceau succomba sous un rassemblement de fourmis. » (Sa-skya Pandita)

---

1. Racontée dans *Prophètes d'aujourd'hui* de Jean-Pierre et Rachel Cartier, Albin Michel, 1992.

# Ce que tu fais, fais-le bien

*« Faire et défaire, c'est toujours travailler. »*

Lucie, ma grand-mère

*« L'abeille est le plus petit des êtres ailés, mais ce qu'elle produit est d'une douceur exquise. »*

Ecclésiaste, 11, 13

C'est ma grand-mère qui m'a appris le peu que je sais en couture. J'étais récalcitrante. Je me piquais les doigts, mon fil se cassait ou bien faisait des nœuds. Pour finir plus vite l'ourlet de la petite brassière, je travaillais à grands points voyants et maladroits. Ma grand-mère prenait l'ouvrage, tirait sur le début du fil pour défaire ce que je venais de coudre, puis me réexpliquait, patiente et souriante, ce qu'elle attendait de moi. Je ne rêvais que d'aller courir ou jouer dans le grenier, mais mes poupées devaient attendre que mon ourlet satisfasse l'exigence de ma grand-mère. Finalement, à défaut des petits points élégants, j'ai appris une chose : si je m'étais concentrée sur cet ourlet pour le faire correctement du premier coup, cela m'aurait pris plus de temps que de le bâcler, mais moins que de le recommencer trois fois.

**On ne fait jamais que ce que l'on veut**

Quoi que vous fassiez, vous l'avez toujours voulu. Cette idée vous choque, tant vous avez l'impression d'agir sous la contrainte des ordres que l'on vous donne ou des exigences de votre vie. Il y a tant de choses que vous faites, que vous préféreriez apparemment ne pas faire : vider la poubelle, vous coucher avant « le cinéma de minuit », changer la litière du hamster, apprendre des listes de verbes irréguliers, etc. Et pourtant, même ces choses-là vous les faites parce que vous le voulez bien. Êtes-vous enchaînés ou menacés ? Non. Ne pas apprendre la leçon, c'est s'exposer à une mauvaise note si vous êtes interrogés, avec tout ce que cela implique. Alors vous choisissez de les apprendre. Vous le faites parce que vous le voulez bien.

À la réflexion, il en est de même de tous nos actes. Quand Jade se lève le matin en disant qu'elle préférerait rester au lit, elle se ment. Elle mesure mentalement très vite les conséquences qui découlent de l'un ou l'autre choix. Tout bien considéré, elle préfère se lever. Sinon, elle resterait au lit. Qu'elle ne soit pas unifiée dans cette décision, qu'une part d'elle-même préférerait se rendormir, tout à fait d'accord. Mais personne n'est venu l'arracher du lit. Donc ne nous mentons pas : elle a fait ce qu'elle a voulu. « Non, j'ai fait ce que toi tu as voulu, c'est toi qui veux que je me lève pour aller au collège ! » Alors disons que tu as voulu faire ce que j'ai voulu que tu fasses. Il t'a semblé finalement préférable de faire ce que j'attendais de toi.

Un autre exemple ? Quand tu m'as dit : « C'est vrai, je lui ai donné un coup, mais je ne voulais pas. » Tu te trompes. À ce moment-là, une part de toi l'a voulu assez fort pour emporter la décision. Sinon tu ne l'aurais pas fait. Un moment plus tard tu le regrettes, parce qu'une autre part de toi s'exprime et te fait voir les choses autrement.

Ce point est très important à saisir. Nous ne sommes pas cent pour cent dans ce que nous faisons. Il y a en chacun de nous des envies contradictoires : « Je voudrais bien, mais... » Finalement, il y a comme un vote inconscient entre les différentes tendances qui s'affrontent en nous. Une décision est prise : on agit. « Allez, je me lève. » Parfois, notre assentiment ne représente que 51 % de notre désir, alors que les 49 % restants souhaiteraient dormir. Mais ne nous mentons pas : on n'a fait que ce que l'on a voulu. Toujours. « Quoi ! Même si je devais obéir sous la menace ? » Oui, même. Il y a toujours un choix.

Comprendre cela, c'est cesser définitivement de se comporter en victime. Ce que je fais, j'ai voulu le faire. J'aurais toujours pu faire autrement, mais le prix à payer aurait été plus lourd. Donc j'assume, et je le fais de bon cœur, comme si j'avais été tout entière dans cette décision. Puisque finalement je choisis de me lever, autant le faire « avec » et joyeusement, plutôt que « contre » et en râlant. C'est d'abord cela que signifie : « Ce que tu fais, fais-le bien. » Ce que vous faites, vous le faites parce que vous l'avez voulu, même si vous n'étiez pas tout entiers d'accord avec ce choix. Votre majorité intérieure a tranché. Assumez le résultat du vote et cessez de vous leurrer en disant que vous le faites « contre votre gré ». Vous voulez tout ce que vous faites : c'est vous qui êtes aux commandes de votre vie. Alors, naviguez joyeusement !

## Sachez ce que vous faites

Nous sommes assises tranquillement au salon et je te regarde. J'ai un journal sur les genoux, tu as un livre entre les mains. Tu crois que tu lis, mais tu ne lis pas. Tu tripotes tes ongles, tu écoutes la musique, tu regardes par la fenêtre, tu me demandes l'heure, tu tournes vaguement une page, puis tu lances : « Je ne comprends rien à ce bouquin, c'est nul. Cela fait une heure que je lis, j'en ai marre ! » Non, cela fait une heure que tu rêves et que tu perds ton temps en attendant que l'heure passe, pour pouvoir me dire que tu as lu une heure et que ce livre est nul. Mais cela ne fait pas une heure que tu lis.

Pour faire bien ce que l'on fait, c'est la deuxième règle, il faut tout simplement faire ce que l'on fait, vraiment, complètement, et non pas juste semblant. C'est le cas de l'enfant qui croit qu'il apprend sa leçon alors qu'il est assis devant la télévision, le cahier sous les yeux. Ou celui de l'homme qui va dîner dans un restaurant à la cuisine réputée et qui ne fait que parler pendant tout le repas : au dessert, il ne se souvient même plus de ce qu'il a mangé. Il croit avoir dégusté, alors qu'il a parlé.

C'est souvent le problème lorsque l'on fait deux choses à la fois. On croit faire l'une alors que l'on fait l'autre, ou bien ni l'une ni l'autre. Mieux vaudrait, dans ce cas, faire l'une puis l'autre. Je me souviens t'avoir dit cela un jour où nous reprenions ensemble un devoir de maths que tu avais raté. Tu étais persuadé de faire des maths, alors qu'en fait tu ne faisais que ressasser ta rancune contre l'enseignant qui avait donné un sujet si difficile, contre moi qui te faisais travailler, contre l'heure qui tournait et te privait de loisirs, etc. Je t'ai arrêté : « Qu'est-ce que tu fais en ce moment ? » « Je fais des maths avec toi ! » « Non, tu crois que tu fais des maths, mais ta tête ne fait pas des maths, ta tête est occupée à rouspéter. Disons qu'un tiers de ta tête fait des maths, ce qui est insuffisant pour comprendre ces équations, et que les deux tiers rouspètent.

Alors râle un bon coup, à fond, et nous ferons des maths après, quand tu auras fini de râler. »

On peut faire deux choses à la fois, si l'on sait que l'on fait deux choses à la fois. Dans ce cas, aucune ne requiert une totale concentration et la moitié de notre attention lui suffit. C'est le cas quand tu me vois écouter les informations à la radio tout en préparant le dîner, ou bien feuilleter un magazine en regardant la télévision avec vous. Mais si je dois lire un livre difficile, j'éteins la télévision ; et si je suis une émission passionnante, je pose mon livre. Sinon je ne comprends rien, comme toi tout à l'heure.

Le problème, c'est de se mentir. Croire que l'on fait une chose alors qu'on en fait une autre, et se plaindre ensuite de son échec. Croire que l'on écoute le professeur alors qu'on regarde les élèves jouer au basket dans la cour, et se convaincre, puisque l'on n'a rien retenu du cours, que l'on a une mauvaise mémoire.

On peut se poser la question à tout moment. Que suis-je en train de faire ? Suis-je vraiment en train de faire ce que je suis supposé faire et ce qu'apparemment je fais ? Si vous faites une chose, faites-la vraiment, ou ne la faites pas. Faire semblant, c'est perdre son temps. C'est une attitude d'enfant. Comme le garçon qui ne veut pas se laver, mais qui reste un quart d'heure dans la salle de bains, fait couler les robinets, humidifie la serviette, etc. pour faire croire à ses parents qu'il s'est lavé...

**Si vous faites, faites bien...**

À votre niveau, il vaut mieux lire un livre correctement que trois en diagonale. Vous lisez ou vous ne lisez pas, mais si vous lisez, arrangez-vous pour en tirer quelque chose : plaisir, intérêt, vocabulaire, culture, etc. C'est vrai de presque tout : vous faites ou vous ne faites pas, mais si vous faites, essayez de le faire bien. Il arrive que bâcler s'impose : on est coincé par le temps ou on ne peut pas faire mieux dans cette situation. Mais c'est rare. Généralement, quand on bâcle, c'est par paresse. Et par bêtise, car bien souvent il nous faudra recommencer, comme mon ourlet de brassière. Ou bien vivre avec, et avoir sous les yeux un meuble mal peint, un cirage mal étalé, un lit mal fait. Tu détestes repasser tes chemises. Alors n'achète que des textiles qui ne se repassent pas, ou assume en mettant des T-shirts juste étendus et pliés. Mais si tu repasses, ne le fais pas à moitié, comme ces hommes qui ne repassent que le devant des chemises, la partie visible, et cachent le reste sous la veste.

Rappelle-toi quand nous avons changé le papier peint de ta chambre. Pour choisir le nouveau papier, tu as pris tout ton temps, et tu as bien fait. Mais après, il a fallu passer la décolleuse, poncer, découper et coller le papier. Là, tu serais volontiers allée au plus rapide, mais pas au mieux fait. Je t'ai incitée à prendre ton temps et à faire les choses soigneusement. Tu vas vivre avec ce papier sous les yeux pendant plusieurs années, inviter des amis dans ta chambre. C'est important de faire bien : tu seras fière d'avoir su poser ce papier.

La raison essentielle n'est pas de montrer à l'extérieur ce que vous savez faire. Je ne vous incite pas à bien faire pour le regard d'autrui. Mais pour le simple plaisir de faire. Quoi que vous fassiez, faites-le avec cœur, même s'il n'y a que vous pour le savoir, même si cela ne se voit pas. Faire bien, même une toute petite chose, apporte toujours une satisfaction. On a fait ce que l'on devait faire. Il y a plus de plaisir à boire dans des verres bien clairs que s'il reste des traces de doigts ou de rouge à lèvres. Il y a du plaisir dans une voiture que l'on a bien lavée, dans une paire de chaussures que l'on fait doucement briller avec un chiffon de laine.

Bien faire, c'est une question de plaisir et c'est une question de respect de soi. Si l'on sait faire consciencieusement les petites tâches du quotidien, on sait aussi se donner avec cœur dans les choses plus importantes. Faire bien ou bâcler, c'est aussi une façon de vivre et une attitude intérieure. Soigner même (surtout?) ce qui ne se voit pas. Juste pour se sentir bien dans sa peau, en accord avec soi-même, un peu plus heureux.

## Ne faites pas toujours de votre mieux…

« Fais de ton mieux ! » c'est souvent ce que l'on demande aux enfants. Faire de son mieux, c'est tout donner, s'engager à fond, vouloir la perfection. C'est une attitude épuisante, qui n'est pas toujours nécessaire. Faites de votre mieux lorsque cela en vaut la peine et que l'enjeu est important. Si vous passez le concours d'une école où, pour mille candidats, on prend cent élèves, alors oui, ce jour-là, faites de votre mieux. Les athlètes, lors des compétitions, ont tout intérêt à faire de leur mieux. Mais faire toujours de son mieux engendre des tensions inutiles. On n'a pas besoin d'être toujours le meilleur : profiter de la vie est bien plus important. Faire bien et faire mieux, ce n'est pas la même chose. Au quotidien, faire bien suffit. Il ne faut pas agir parfaitement, mais agir correctement. Bien ranger la maison suffit. Le faire « de son mieux » est superflu. Répété chaque jour, cela dénoterait un tempérament obsessionnel. Passer du temps à comparer ses performances est du temps perdu : notre valeur dépend de ce que nous sommes, pas toujours de ce que nous faisons. Multiplier les expériences est souvent plus enrichissant que de vouloir faire toujours de son mieux pour être le meilleur. On peut participer à un jeu ou à une épreuve, juste pour le plaisir, en connaissant ses propres limites. Faire est plus important qu'exceller. Agissez sans vous soucier de ce qu'en penseront les autres. C'est la vie qui doit être une réussite, pas chacun de ses défis. L'épanouissement et l'absence de stress se jouent là aussi.

Mieux vaut se contenter de répondre honnêtement à la question suivante : « Qu'est-ce que la situation demande ? » Parfois c'est peu, parfois c'est beaucoup. Entre bâcler par paresse et viser la perfection, il y a tout ce que la vie attend de nous.

La situation présente ne demande pas toujours que l'on fasse de notre mieux, elle demande qu'on y réponde de manière adéquate. Vous n'êtes pas tenus à l'impossible. Vous n'êtes pas tenus à la perfection. Si c'est nécessaire et que vous le pouvez, soyez excellents. Le reste du temps, agissez de manière juste, correcte. C'est tout ce qui vous est demandé.

Nous sommes dans un monde qui, de plus en plus, valorise les « premiers de la classe » dans tous les domaines. Scolaire, bien sûr, mais aussi professionnel, financier, sportif, etc. Elle semble loin, l'époque où l'on apprenait aux enfants que « l'essentiel n'est pas de gagner mais de participer ». Aujourd'hui, il faut être parmi les gagnants, le plus rapidement possible. Toute la société ne pense qu'à franchir les échelons pour atteindre le sommet. Même les petits enfants n'ont plus droit à l'échec. Le redoublement est synonyme d'angoisse. Impossible de faire de la gymnastique, de la natation ou du tennis de table dans le cadre d'une association sportive, pour son plaisir : il faut faire des compétitions. À tout moment, il faut des classements, désigner les bons et les mauvais.

Mais tout cela a un prix. Se vouloir toujours parfait, toujours premier, se paie de beaucoup d'anxiété et de peu de bonheur. Y arriver est difficile et se maintenir encore plus. À sans cesse se comparer aux autres, on oublie que nous sommes tous différents et que chacun a sa propre valeur. Certains sont prêts à tout pour réussir : tricher, se doper, marcher sur les pieds du voisin, donner de fausses informations. Dans certaines classes préparatoires aux concours, on n'apprend pas seulement les maths ou l'économie, mais aussi l'art d'éliminer les autres pour faire la course en tête. Où sont la solidarité, l'esprit d'équipe, l'amitié ? Ce sont donc ces gens-là qui auront en charge, dans quelques années, la marche de notre pays ?

Par rapport à l'image que l'on a de soi, le désir de perfection peut faire de grands dommages. Une femme qui se soigne, prend soin de son corps et s'habille joliment montre le respect qu'elle a d'elle-même et des autres. Mais cela ne l'empêche pas, le dimanche, de traîner dans un vieux pull informe. Elle ne panique pas si elle n'a pu se rendre chez le coiffeur. Mais la femme qui se veut parfaite s'angoisse pour un bouton sur le nez ou un collant qui file. Elle préfère ne pas se rendre à une soirée plutôt que de ne pas s'y sentir à son avantage. Elle passe son temps à guetter son reflet et à se critiquer. Elle sait que le temps aura le dernier mot. Où est la joie de vivre ?

« Si je rate cette audition, j'arrête le piano » est une phrase que je ne veux pas entendre. La seule question est : « As-tu plaisir ou non à jouer du piano ? » Ne vise pas la perfection, vise le plaisir. Si être dans les premiers de la classe se fait sans trop d'efforts, très bien. Si le prix à payer est le stress, l'isolement, la fatigue et le désespoir quand tu te fais doubler, alors repose-toi un peu et apprends à te contenter d'honnêtes performances.

Essayez d'être votre propre ami et de vous conduire, avec douceur et obstination, vers ce que vous voulez obtenir. Le but de la vie, c'est d'abord d'être heureux, pas d'être le premier. Ce n'est pas la même chose, sauf dans les très brefs instants qui suivent le succès (mais alors il reste à se maintenir). La perfection n'existe pas, alors ne l'exigez pas de vous. Au lieu de comparer ce que vous faites à ce que vous auriez aimé faire (qui n'existe pas), une image abstraite de la réussite, réjouissez-vous de ce que vous avez construit. Il ne s'agit pas de viser forcément et toujours de grandes choses, mais de porter son attention quotidienne sur les petites. « La perfection, ce n'est pas faire quelque chose de grand ou de beau. C'est faire ce qu'on est en train de faire avec grandeur et beauté. » (Swami Prajnanpad)

# Le monde est dans ton regard

*« Qui s'assied au fond d'un puits pour contempler le ciel le trouvera petit. »*

HAN YU

*« La vision est l'art de voir les choses invisibles. »*

Jonathan SWIFT

La vision objective de ce qui nous entoure est impossible. Selon notre histoire, nos habitudes, notre culture ou notre état d'esprit, nous allons voir et aussitôt interpréter de manière différente. Notre cerveau va lui-même rectifier nos perceptions si elles ne correspondent pas à nos contraintes ou à nos désirs du moment.

Deux exemples de recherches, déjà classiques, ont été menées sur ce sujet. Dans la première expérience (Bruner et Goodman), on met en évidence l'influence de la valeur sociale des objets sur la perception. On demande à des enfants de dix ans de régler le diamètre d'un cercle lumineux de façon qu'il leur paraisse égal à celui de pièces de monnaie qui leur sont présentées. Selon que les enfants sont issus d'un milieu social « riche » ou « pauvre », leurs réponses sont différentes. Ces derniers ont tendance à constamment et nettement surévaluer le diamètre des pièces, signe de leur désir et de l'importance sociale qu'ils leur attribuent.

La seconde expérience (Asch) met en évidence la tendance au conformisme dans la perception. On présente à un groupe d'adultes deux cartons. Sur l'un, une droite servant de modèle. Sur l'autre, trois droites dont l'une est la même que la précédente. Trouver laquelle ne présente aucune difficulté. Sauf que, dans le groupe, un seul individu est sujet naïf, les autres sont des compères qui désignent tous une autre droite comme étant la bonne. Si certains sujets résistent et maintiennent leur choix, la plupart se laissent influencer et finissent par « voir » comme tout le monde. Et vous, qu'auriez-vous fait ? Que faites-vous lorsque, dans la classe ou ailleurs, toute la bande adopte un comportement (de moquerie, de rejet) que vous n'auriez jamais eu seuls et que vous désapprouvez intérieurement ? Suivez-vous les autres ? Vous retirez-vous dans un silence prudent ? Tentez-vous de les arrêter ? C'est là votre marge de liberté.

## Changez de lunettes

« Ils ne voient pas la rose, mais ils scrutent attentivement les épines de la tige », écrivait déjà Lucien il y a presque deux mille ans.

Nous connaissons tous des gens qui ne font que se plaindre. Dès le matin, ils chaussent des lunettes grises : le monde entier devient gris. Vous souvenez-vous d'Éliane ? C'est un cas typique. S'il fait chaud, il fait trop chaud ; s'il fait froid, il fait trop froid. Ne lui demandez pas comment elle va : elle a toujours mal quelque part et, bien sûr, elle est « crevée ». Sa mère est envahissante, sa belle-mère égoïste, son mari radin et ses enfants épuisants.

Nous avons tous des lunettes sur le nez qui nous font voir le monde en rose ou en gris. Certains gardent toujours les mêmes, d'autres en changent selon les jours. Quand vous venez prendre votre petit déjeuner, je sais très vite quelles lunettes vous avez chaussées. « Encore des corn flakes ! Tu ne pourrais pas acheter autre chose ? » ou « Flûte, on est jeudi et j'ai horreur du jeudi ! » ou encore « J'en ai marre de ce temps pourri ! » J'ai parfois envie de vous dire : « Allez, on recommence. Vous retournez dans votre chambre changer de lunettes et vous refaites votre entrée. » Cela pourrait donner : « Chic, du muesli, j'adore ça ! » ou « Tiens, je vais pouvoir étrenner mon nouvel imper ! »

Vous connaissez l'histoire du verre à demi rempli d'eau : on peut le voir déjà à moitié vide, ou encore à moitié plein. On peut choisir de se réjouir de ce que l'on a, ou se lamenter de ce que l'on n'a pas. Et le temps que l'on passe à se plaindre n'est pas du temps où l'on construit, ni du temps où l'on est heureux. Arrête de te lamenter sur ta mauvaise prestation en athlétisme, et file t'entraîner pour que la prochaine soit meilleure. Arrête de te plaindre lorsque je sers un plat que tu n'aimes pas et réjouis-toi d'avoir quelque chose dans ton assiette. Arrête de râler lorsque ta sœur te pique ton collier et réjouis-toi de pouvoir lui emprunter les siens.

Toute médaille a deux faces. Vous pouvez choisir de regarder l'une ou l'autre. La positive ou la négative. Les deux sont possibles. « Chic, il pleut » (sous-entendu : « Cela m'évitera d'avoir à arroser les hortensias »), ou « Zut, il pleut » (sous-entendu : « Ma mère va vouloir que je mette ce ciré que je déteste »). Il ne s'agit nullement d'un optimisme béat. On voit ce qui est, on a le courage de l'accepter et la simplicité de l'aimer.

Quand une chose désagréable nous arrive, nous sommes rapides à nous lamenter sur l'injustice du monde : « Pourquoi est-ce à moi que cela arrive ? » Mais quand un événement chanceux survient, nous ne demandons pas : « Pourquoi moi ? » Comment se plaindre d'une roue crevée, sans la mettre en rapport avec les milliers de kilomètres parcourus sans aucun problème ? Comment râler pour un gros rhume, sans prendre en compte les trois mois qui viennent de s'écouler dans un parfait silence du corps ? Apprendre à voir, c'est élargir son angle de vue et considérer davantage que ce qui nous contrarie sur l'instant. Pile ou face ? Essayons de prendre les deux. De prendre le tout de la vie, l'agréable comme le dérangeant.

Pour chaque fait, il y a beaucoup d'interprétations possibles, positives ou négatives. Mais, pour choisir, il faut d'abord savoir quelles lunettes on a chaussées. Écoutez-vous parler. Mettez-vous en avant ce que les choses, les gens, les événements ont de positif, ou bien cherchez-vous toujours à mettre le doigt sur ce qui ne va pas ? Prenez conscience de ce que vous faites et, s'il le faut, changez de lunettes.

**L'effet de contagion**

« J'ai bien le droit de voir les choses comme je veux ! » D'accord. Mais rendez-vous compte que vous n'êtes pas seuls en cause. Quand j'ai Éliane au téléphone, je finis par rire silencieusement, tellement son discours est un dénigrement systématique et une plainte permanente. C'est tellement excessif que j'en prends vite conscience. Je peux alors m'en défendre par le rire ou la prise de distance. Mais la plupart du temps, on se laisse gagner par la négativité des autres. Il suffit souvent d'une seule personne de mauvaise humeur pour gâcher un moment qui pourrait être agréable. Non seulement celui qui critique systématiquement ne se rend pas heureux, mais il ôte aux autres leur joie de vivre. Dans une famille, dans un groupe, sur un lieu de travail, nous sommes tous collectivement responsables de l'ambiance. Alors, par égard pour les autres, mieux vaut garder pour soi ses idées négatives.

L'esprit positif, heureusement, est aussi contagieux. Il y a du bon dans toute chose, même s'il ne se révèle pas toujours au premier coup d'œil. Ceux qui savent le voir et en faire profiter les autres ont une grande chance, ou une grande sagesse. Non seulement la vie leur semble souriante, mais encore ils sont recherchés par les autres qui apprécient leur façon de se réjouir de tout. Le gâteau a brûlé ? Cela va me décider à faire enfin réparer le thermostat du four. Et puis c'est l'occasion de goûter les si belles tartes aux framboises de la boulangère...

Je vous propose de méditer sur ce proverbe musulman : « Même si vous n'êtes pas le soleil, ce n'est pas une raison pour être un nuage. »

## Attention au discours intérieur

Il y a ce que l'on dit, et il y a ce que l'on se dit. Si nos mots influent sur ceux qui nous entourent, notre discours intérieur influence notre moral et nos performances.

Je n'aime pas vous entendre partir pour un devoir sur table en disant : « De toute façon, je vais le rater ! » Je sais bien que vous n'y croyez pas toujours et que c'est une façon pour vous de vous protéger d'une éventuelle déception. Mais le fait de partir battus ne vous met pas en état de réussir. C'est comme si vous envoyiez un message à votre cerveau : « Inutile de te fatiguer, je vais rater de toute façon. » Le cerveau reçoit, et ne se fatigue pas. Vous ratez le contrôle. « Tu vois, j'en étais sûr, je te l'avais dit ! » Oui, mais surtout vous vous l'étiez dit.

Le contraire marche aussi. Si vous commencez vos contrôles en écrivant en haut de la feuille de brouillon « Je vais réussir », c'est comme si vous donniez un ordre au cerveau. Mais, évidemment, il ne peut retrouver que les informations que vous y avez engrangées ! Pourquoi ne pas essayer ? Prêtez attention à votre discours intérieur et rectifiez ce qui est négatif. Des pensées du style « Je suis moche, le monde est foutu et personne ne m'aime » finissent par agir fortement sur vous. Votre cerveau se convainc et il devient difficile de changer de registre.

Des faits douloureux, pénibles, le monde en est plein. Aucun instant n'est parfait, comparé à l'image idéale que l'on pourrait s'en faire. À part quelques rares moments, cela pourrait toujours, théoriquement, être mieux. Si bien que, si on le veut vraiment, il y a toujours de quoi se plaindre. Mais comme chaque instant est unique et incomparable, il est forcément parfait comme il est. Compare-t-on le soleil ? Trouve-t-on qu'il pourrait être un peu moins rond, un peu plus proche, un peu moins vieux ? Non, il est unique, la terre n'en a jamais eu d'autre, alors on le prend tel qu'il est. On en oublie de réaliser qu'il brille sans interruption et nous réchauffe sans se lasser.

Et si vous voulez vraiment comparer l'instant présent, voyez aussi comme il pourrait être pire…

**La beauté est dans ton regard**

Rien ni personne n'est beau ou laid en lui-même. C'est notre regard qui le qualifie. Dans notre société, ce qui est jeune, mince et riche bénéficie d'un a priori positif. Mais les modes changent, dans le temps et dans l'espace. Êtes-vous capables de trouver beau autre chose que ce que les magazines ou la culture actuelle vous conseillent d'aimer ? C'est difficile de prendre conscience que l'on aime ce que notre groupe (copains, famille, milieu) aime, ce que l'on nous a appris à aimer. Devant des tableaux anciens, je vous entends dire : « Mais comment pouvaient-ils trouver belles des femmes si grosses ? » Alors qu'il est très récent, et réservé aux pays riches, de trouver belles des femmes maigres.

Nos villes s'enlaidissent rapidement des apports modernes. Banlieues populaires aux immeubles en toc. Littoraux parmi les plus beaux du monde qui subissent des constructions qui les défigurent. L'homme, par intérêt, détruit le monde et en gâche les plus merveilleux paysages. D'où viendra demain la beauté si ce n'est de notre regard ? Si ce n'est de l'intérieur de nous ? Alors peut-être regarderons-nous autrement ce qui nous environne.

Où est notre liberté ? Dans la prise de conscience. Puis dans le droit que l'on se donne d'aller au-delà des apparences. La beauté des lignes, celle qui saute aux yeux, n'est pas la seule.

C'est juste la première, la plus superficielle. Regardez mieux, plus profondément. Alors la beauté se révélera. Celle des vieilles qui traînent leur cabas en rentrant du marché. Celle des scarabées qui se faufilent sous les feuilles mortes. Celle des tours de la Défense, lorsque le soleil se couche derrière la Grande Arche. Celle d'une vieille souche de bois blanchi par les années. La beauté est partout parce qu'elle est en vous. C'est votre regard qui la crée. Toute chose est belle de son existence même.

Regarde la chaise sur laquelle tu es assis. Des hommes ont abattu un arbre dans une forêt et l'ont rapporté à la scierie. D'autres l'ont débité. Puis les planches ont été découpées, les morceaux assemblés. Elle a été recouverte de tissu. Pense aux champs de coton, et à ceux, courbés en deux, qui l'ont ramassé pour que, en fin de course, ta chaise soit tapissée de cette cretonne bleue. C'était une chaise banale, que tu ne voyais plus. Vois comme elle est belle maintenant, dès qu'elle prend sens de tout ce qu'il a fallu pour qu'elle existe : la terre, l'eau, le soleil et les mains des hommes. Chaque objet, chaque personne, chaque paysage a son poids d'histoire et de lumière. Tous sont reliés.

On trouve beau ce que l'on aime. Chaque mère, depuis toujours, trouve que son bébé est le plus beau du monde. La beauté est dans votre regard, dans votre amour. Tout ceci est vrai aussi moralement. Comme vous pouvez voir le beau en chaque chose, vous pouvez voir le bien en chacun. Choisir de critiquer et de pointer immédiatement chez l'autre la moindre faute, le moindre faux pas, ou bien voir et apprécier ce qu'il fait de bien. C'est à vous de choisir sur quoi vous allez braquer le projecteur.

Vous n'êtes pas convaincus ? Vous ne voyez pas à quoi ça sert ? Essayez l'un, essayez l'autre. Expérimentez par vous-mêmes, puis choisissez votre façon de vivre. Comme l'a si joliment écrit Prévert : « De deux choses l'une. L'autre, c'est le soleil. »

### L'émerveillement

Vous croyez sans doute que ce n'est plus de votre âge. L'air blasé et revenu de tout se porte mieux sur les visages des plus de dix ans que la simple joie du tout. C'est bien dommage, surtout si vous voulez être heureux.

L'enfant a l'émerveillement facile. Il découvre et s'enchante pour des riens. « Oh, regarde, papa, la drôle de voiture ! » « Tu as vu quand ma glace fond, comme les couleurs se mélangent ? C'est super ! » Il ne faut pas grand-chose pour l'amuser et pour l'intéresser. Il ne regarde pas l'étiquette de la marque et du prix avant de savoir si un cadeau lui plaît. Enfants, vous étiez si curieux qu'il suffisait que je dise « Oh, regarde ! » pour que s'arrêtent aussitôt disputes ou crises de larmes. J'avais quelques secondes pour trouver la suite de ma phrase. Et je trouvais : « Regarde les drôles de traces que font les gouttes de pluie sur les vitres ! », « Regarde les nouveaux biscuits que j'ai achetés ! » et l'intérêt, toujours, remplaçait la mauvaise humeur. Puis un jour cela ne marche plus. Apparaît : « Et alors, ce sont des gouttes (ou des biscuits) comme les autres ! » Où est passée la magie du regard ?

Certains la gardent. En ferez-vous partie ? Je ne crois pas que l'on puisse faire certains métiers sans avoir conservé intacte sa capacité d'émerveillement. Écoutez certains astrophysiciens parler des étoiles, ou des biologistes raconter les mystères du corps humain. Après vingt ans de métier, ils sont toujours émerveillés de ce qu'ils découvrent. Ce qui est vrai des chercheurs peut aussi l'être des menuisiers, des pédiatres, des paysans, des peintres, des enseignants, etc. Qu'ont-ils en commun ? Un certain regard qui sait voir le beau. Einstein insistait là-dessus : « Le plus beau sentiment qu'on puisse éprouver, c'est le sens du mystère. C'est la source de tout art véritable, de toute vraie science. Celui qui n'a jamais connu cette émotion, qui ne possède pas le don d'émerveillement ni de ravissement, autant vaudrait qu'il fût mort : ses yeux sont fermés. »

La semaine dernière, je revenais de Marseille à Paris en TGV. J'étais assise près de la fenêtre. Il pleuvait. Soudain, les nuages se sont déchirés. Un petit arc-en-ciel, bien net, en un beau demi-cercle, a rejoint deux morceaux de nuages, un pied de chaque côté. C'était magnifique : un vrai cadeau. On dit qu'au pied de l'arc-en-ciel se trouve un trésor. Le trésor était là, dans cette vision soudaine, si lumineuse. Combien sommes-nous, dans le train ou dans les champs, à avoir vu cet arc-en-ciel ? Combien d'entre nous lèvent encore la tête pour voir le ciel et s'émerveiller de ses couleurs ?

Chaque instant est merveilleux. En quoi ? Regardez mieux et vous trouverez. Ensuite, vient la gratitude. Je vous souhaite vivement de faire partie de ceux qui savent écouter le chant du monde. Eux seuls savent danser leur vie. Tant pis pour « ceux qui n'entendent pas la musique et pensent que le danseur est fou... »

# Ce n'est pas si simple

*« Vous ne savez pas à quel point vous ne savez pas ce que vous ne savez pas. »*

Parole d'un rabbin

*« Tout est plus simple qu'on ne peut l'imaginer et en même temps plus enchevêtré qu'on ne peut le concevoir. »*

GOETHE

« Y a qu'à déménager ! » « Il suffirait de diminuer les impôts par deux ! » « T'as qu'à manger moins, tu maigriras ! » « S'il cherchait vraiment du boulot, il en trouverait ! » « C'est un monstre, pour s'en prendre à un enfant comme cela ! » Tous, nous avons le jugement à la bouche. Notre tête est pleine de solutions toutes faites, qui visent à réduire les faits et les idées à leur plus simple expression. Il est bien plus rapide et rassurant de penser que l'autre, dont l'opinion ou les décisions diffèrent des nôtres, est un imbécile, plutôt que de se mettre à sa place pour essayer de comprendre sa position. Mais une telle simplicité est trompeuse et trahit ce qui est.

**La chute du crayon**

Quand on regarde de plus près, on s'aperçoit que tout, absolument tout, est beaucoup plus compliqué qu'il n'y paraît à première vue. Plus on avance dans un domaine, plus sa complexité nous semble grande. Un crayon tombe sur le plancher : c'est très simple et aucun enfant ne s'en étonne. Mais pourquoi le crayon tombe-t-il plutôt que de rester en l'air ou de monter vers le plafond ? D'où vient le bruit qu'il fait en heurtant le sol ? Pourquoi roule-t-il dans cette direction et pourquoi s'arrête-t-il de rouler ? On voit bien que dès que l'on s'interroge sur un phénomène qui nous semble familier, l'étendue de la complexité qui le sous-tend et de notre ignorance nous saute aux yeux. Prenons l'exemple de l'astronomie, puisque tu t'y es intéressé. De tout temps, les hommes ont regardé les étoiles et interrogé le ciel. Les théories primitives étaient simples, élémentaires : une terre plate, un univers fini. Au fil des siècles, les hommes ont observé le ciel avec des appareils de plus en plus sophistiqués et remplacé leurs croyances par des faits ou des hypothèses variés. L'essentiel de ce que l'on sait aujourd'hui peut se résumer à cela : plus on connaît de choses, et plus on est frappé par l'immensité de ce que l'on ignore. La limite de la connaissance recule lorsque l'on avance.

Cela est vrai de tout champ de connaissance. Quand tu avais une dizaine d'années, tu disais toujours « Je sais », d'un air excédé, chaque fois qu'on voulait t'expliquer quelque chose. Tu connaissais Gauguin pour en avoir vu deux toiles et l'anglais pour savoir composer quelques phrases. À quoi te servirait d'en savoir plus ? Tous les enfants sont ainsi. Le monde leur semble familier et le champ des connaissances, limité. Ce n'est qu'en grandissant, lorsque le cerveau lui-même peut englober une pensée complexe, que la vision change.

Dans la vie quotidienne aussi, les choses sont plus complexes qu'elles ne semblent. Mais, par paresse ou par efficacité, nous affectons de les croire simples. Il serait impossible de vivre en ayant sans arrêt en tête les raisons physiques qui font tomber les crayons ou les réactions moléculaires qui font tourner le lait qu'on a oublié de remettre au frais. Mais qu'un problème apparaisse, et l'on s'aperçoit vite que les solutions simples, apparentes, ne suffisent plus. Elles ne tiennent pas compte des multiples éléments en jeu. La technique de résolution des problèmes connue sous le nom de « y a qu'à... faut qu'on... » a ses limites. Face à ton copain qui ne se sentait pas bien, que tu voyais sans énergie, tu as dit l'autre jour : « T'as qu'à te secouer ! » Mais tu sais bien au fond que ce genre de conseil ne sert à rien. S'il pouvait se secouer, il l'aurait déjà fait. Prendre en compte ce qu'il est, son tempérament, et te mettre à l'écoute de ses difficultés t'auraient sans doute amené à une autre réflexion. Mais on ne prend pas toujours le temps de s'intéresser à l'autre. Ou bien, happé par ses propres difficultés, on n'aime pas assez.

« Ma vieille voiture est en panne. L'embrayage a lâché.

— T'as qu'à en acheter une neuve !

— Je n'ai pas les moyens pour l'instant.

— Alors t'as qu'à la faire réparer !

— À son âge, cela coûterait plus cher que le prix auquel je pourrais la revendre, cela ne vaut pas le coup.

— Alors, que vas-tu faire ? »

Vient un moment où il n'y a plus de solution toute faite, prête à appliquer. Il va falloir creuser un peu, pour prendre en compte des éléments contradictoires. La solution sera peut-être d'acheter une voiture d'occasion, ou de chercher dans ses relations un as de la mécanique, ou de se passer de voiture le temps de faire quelques économies, etc. De nouvelles possibilités peuvent émerger, mais elles demandent un effort intellectuel. Il va falloir faire preuve de créativité.

Vous remarquerez que les exemples que j'ai choisis concernent l'autre, ses difficultés. C'est toujours en ce qui touche autrui que la complexité nous échappe et que nous usons volontiers de formules toutes faites et de jugements expéditifs. Pour les problèmes personnels, ce serait plutôt l'inverse. Leurs complications vous semblent telles que vous vous trouvez souvent face à des choix impossibles. Chaque solution a ses avantages et ses inconvénients. Vous invalidez chacune de mes suggestions par des réponses comme « Mais non, ce n'est pas possible, parce que… » ou « Oui, mais… » (ce qui signifie non). Et, pour finir, j'entends : « Mais tu ne comprends rien, c'est plus compliqué que ça ! » Vous avez raison : d'un certain point de vue, celui que je développe ici, tout est beaucoup plus compliqué que « ça ».

**Chacun ses opinions**

Donc la simplicité apparente des événements masque une vraie complexité qui, si l'on commence à l'envisager, modifie le regard que l'on porte sur eux. C'est vrai des jugements que l'on assène. Avez-vous remarqué que nous ne cessons pratiquement jamais de juger ce qui nous entoure ? Il est normal que vous ayez une opinion sur le film que vous venez de voir ou sur les vacances que vous venez de passer. Mais c'est à longueur de journée que je vous entends juger. Tout ce que vous entendez ou voyez, vous le faites vôtre. Vous mettez votre marque dessus, comme on colle une étiquette. « Elles sont belles tes fleurs », « Elle est nulle cette robe », « T'as vu ce type comme il est ridicule ! », etc. Jusqu'à la météo que l'on juge : « Il fait mauvais ! » dit-on, alors que simplement il pleut, ce qui ravit salades et escargots.

Je vous entends protester : « J'ai quand même bien le droit d'avoir une opinion ! » Bien sûr. Des opinions argumentées, réfléchies et passées au crible de votre esprit critique. Mais ceci n'en est pas. Vous ne faites que vous approprier ce qui ne vous appartient pas. C'est beau, c'est laid... Qui le sait? Beau aujourd'hui, dans notre culture. Laid ailleurs, pour d'autres, un autre jour. Si encore vous disiez, comme on l'enseigne aux enfants, « Je n'aime pas les courgettes », plutôt que « Les courgettes, c'est dégoûtant ! » Mais non, le jugement est permanent, péremptoire et totalement subjectif. Prenez seulement un peu de temps, et vous verrez votre jugement évoluer. Te rappelles-tu le jour où je t'avais emmené au musée Picasso ? Tu passais devant les toiles, l'air ennuyé. Ne comprenant pas, tu jugeais, tu critiquais. Devant une grande peinture, un groupe de jeunes de ton âge était assis, concentré. Nous nous sommes arrêtés et avons écouté ce que disait le guide. C'était alerte, lumineux, passionnant. Tu m'as demandé de poursuivre la visite avec eux. Tu avais découvert un tableau et, en prenant le temps de le regarder, tu avais appris à l'aimer. Ton regard sur Picasso a été modifié pour toujours.

Il en est de même du bon et du mauvais. Manger une grosse part de gâteau au chocolat, est-ce bon ou mauvais ? Bon au goût, pour le gourmand, mais mauvais pour la ligne de celui qui la surveille. Bon pour le moral, mais mauvais pour la digestion. On pourrait continuer ainsi. Qui sait, même dans un cas simple, ce qui est bon et ce qui ne l'est pas ? Personne. Tout dépend du jour, de la personne, du critère de jugement.

## Le bien et le mal

N'étant pas philosophe, je ne vous ferai pas un cours sur la question. Je veux juste que vous sentiez combien, là encore plus qu'ailleurs, les opinions simplistes sont dangereuses. Aucun de nous ne peut juger de ce qui est bien dans l'absolu. On ne peut choisir que pour soi, à condition de ne pas nuire à l'autre. La morale ou l'éthique sont des éclairages qui peuvent aider ; l'idée que l'on se fait de sa dignité d'homme ou de femme aussi. Mais, finalement, c'est dans la profondeur de la réflexion et de la solitude que l'on trouve ses propres directions, loin des réponses conventionnelles ou « prêtes à penser ». Si la société, à travers sa justice, décide du bien ou du mal d'un comportement, elle le fait en fonction des lois qui régissent la vie sociale, pas en fonction de la morale.

À un niveau tout simple, l'individu considère comme bien ce qui va dans le sens de ses désirs ou qui est en accord avec ses opinions. Il considère comme mal ce qui s'y oppose. Au nom de ce bien-là, le mien, on peut faire beaucoup de mal. Que va-t-il se passer si mes intérêts s'opposent à ceux de l'autre ? Chacun va juger selon ce qu'il est, ce qu'il pense, la manière dont il a été élevé. Imaginez deux enfants qui dorment dans la même chambre. L'un est du soir, il aime lire et écouter de la musique. Le bien, pour lui, c'est de veiller tard. L'autre est un couche-tôt. Il a besoin, pour dormir, de silence et d'obscurité. Le bien, pour lui, c'est d'éteindre de bonne heure. Que pensez-vous qu'il va se passer ?

Chacun croit bien faire, même celui qui a agi de manière apparemment stupide ou cruelle. Sur le moment, c'est ce qu'il a fait qui lui semblait bien, adéquat, justifié. Dans une crise de colère, tu as volontairement cassé ton bol préféré, un cadeau que je t'avais fait. Sur le moment, c'était pour toi l'action appropriée. Une manière symbolique, sans doute, de me faire comprendre combien tu m'en voulais. Après, tu as regretté. Mais après tu étais une autre, et ta notion du bien n'était plus la même.

Voir la complexité du problème, c'est prendre le temps de réfléchir. Alors on s'aperçoit que l'on ne sait plus avec certitude ce qu'est le bien et le mal. Chacun a sa vision des choses. On peut juste se prononcer en son propre nom, dans une situation particulière. « Il me semble que ce serait mieux si je… » On devient prudent. On commence à apprendre que chaque instant est unique et ne peut se satisfaire d'une réponse passe-partout et simpliste.

Bien souvent, je sais seulement ce qui me semble le moins mal dans une situation donnée. En sachant bien ce que cette position a de personnel et de subjectif. Le Bien et le Mal, Dieu seul, s'il existe, les connaît. Méfiez-vous des majuscules. Et de ceux qui les manient avec un peu trop d'aisance.

### Le juge de mon frère

On en revient toujours à ce conseil : soyons prudents et modérés dans nos jugements. Nous n'avons pas les éléments qui nous permettraient de nous faire une opinion. Le plus souvent, nous ne nous basons que sur des a priori, des modes, des idées en vogue. Rien qui soit réellement nous.

Tâchons de ne pas juger sur l'apparence. Elle est superficielle et trompeuse. Celui qui a l'air gentil ne l'est pas forcément; celui qui a l'air malhonnête non plus. Si c'était le cas, le travail de la police serait bien facilité! La fille mal habillée peut avoir mauvais goût (selon vos critères); elle peut aussi être en révolte contre le goût de sa mère, ne pas avoir d'argent pour s'acheter autre chose, etc. Rien n'est aussi simple, aussi évident qu'il le paraît. Différentes études scientifiques ont montré que les gens beaux sont toujours crédités a priori de plus de qualités. Sur des photos d'inconnus, les gens agréables à regarder vont être spontanément jugés plus honnêtes, plus gentils, que ceux qui sont trouvés moches ou différents. C'est injuste. Allez chercher plus profondément que sur le visage, l'allure ou les vêtements. C'est au-delà de l'apparence qu'est la vérité de l'autre. Ne vous arrêtez pas à votre première impression. Contrairement à ce que l'on dit souvent, elle est presque toujours fausse. Faites vôtre cette phrase du *Petit Prince,* de Saint-Exupéry : « On ne connaît que ce qu'on apprivoise. Les yeux sont aveugles, il faut chercher avec le cœur. »

Il est tout aussi vain de juger sur le groupe d'appartenance. « Les Écossais sont près de leurs sous », « les petits gros sont rigolos », « les enfants uniques sont égoïstes ». Tout cela est ridicule et dangereux. Simplifier ainsi, c'est forcément se tromper. Réduire une personne à son groupe d'appartenance, puis la juger collectivement, cela s'appelle du racisme. C'est ce que subissent les femmes dans les sociétés misogynes. C'est « le délit de sale gueule » que certains jeunes des banlieues connaissent bien. Et puis c'est foncièrement idiot : chacun de nous appartient à plusieurs groupes. On peut être à la fois roux, enfant unique, musicien de jazz, grand et maigre, amateur de pêche à la ligne, etc. Sur quel critère se fonder? Chaque individu est unique, et c'est dans cette unicité qu'il faut tenter d'aller à sa rencontre.

La peur et le dénigrement de l'autre sont les signes de celui qui a besoin, pour se sentir plus fort, de diminuer et d'écraser. Il faudrait aimer suffisamment pour ne pas ressentir comme une menace celui qui est différent de vous. Chacun a, autant que vous, le droit d'être ce qu'il est. Plutôt que de le juger, enrichissez-vous de la nouveauté qu'il représente. C'est la curiosité, l'ouverture et l'action qui vous sauveront, non les préjugés ou les opinions.

« Ôte la poutre qui est dans ton œil avant d'ôter la paille qui est dans l'œil de ton voisin », a dit le Christ. Au lieu de juger la femme adultère, il regarda ses accusateurs et dit : « Que celui qui n'a jamais péché lui jette la première pierre. » Pour juger que l'autre est mauvais, qu'il a eu tort, il faudrait être parfait. N'avons-nous jamais menti, jamais trahi, jamais volé ? Sommes-nous toujours impeccables, beaux, gentils, aimables, généreux ? Regardons-nous avec un peu de clairvoyance. Quand on a vu en soi cette face obscure, ce visage haineux, cette violence, cet égoïsme, on sait qu'on est comme les autres, ni meilleur ni pire. On sait que tous les hommes sont nos frères. Alors le juge, en nous, se fait plus discret.

### Au fond, c'est très simple

En parodiant un peu ce que l'on raconte en Inde, on peut écrire ceci : L'homme pense que les montagnes sont des montagnes et que les fleuves sont des fleuves. Le scientifique sait que les montagnes ne sont pas des montagnes et que les fleuves ne sont pas des fleuves (mais des phénomènes géologiques ou géographiques complexes). Le sage sait que les montagnes ne sont que des montagnes et que les fleuves ne sont que des fleuves.

Passer du simple au complexe, comme je vous y invite depuis le début de ce chapitre, n'est qu'une étape, absolument indispensable. Mais au-delà de cette complexité apparaît une autre connaissance, d'une totale simplicité. Pour accéder à celle-ci, on ne peut pas faire l'impasse sur le travail et l'approfondissement. On ne passe pas du stade de l'apparence à celui de la légèreté. La simplicité que j'appellerai « paresseuse », appelons-la simpliste, laisse place peu à peu à une complexité de plus en plus grande, laquelle peut parfois déboucher sur une simplicité essentielle. Brancusi le disait ainsi : « La simplicité n'est pas un but, mais on arrive à la simplicité malgré soi, en s'approchant du sens réel des choses. »

Prenons l'exemple du monde naturel qui nous entoure. Pour l'adulte ignorant dans ce domaine, c'est simple : le monde est composé de végétaux, d'animaux et de minéraux. Cette grille de compréhension lui suffit. Pour le scientifique, le monde est excessivement divers et complexe, et ses catégories moins tracées qu'il n'y paraît. Certains êtres vivants relèvent à la fois du règne animal et du règne végétal ; la lumière a des propriétés à la fois ondulatoires et corpusculaires. Mais pour le chercheur qui pousse loin ses connaissances, c'est surtout la très grande unité du vivant qui le frappe. Un autre exemple. Vous connaissez la célèbre formule d'Einstein : $E = mc^2$. Son énoncé est merveilleusement simple. Mais quel trajet complexe à travers la physique avant d'y parvenir !

Ce cheminement de la pensée, qui va du trop simple au très simple en passant par le complexe, se retrouve bien sûr dans tous les domaines. L'autre jour, j'ai rencontré une femme musulmane magnifique, qui a eu une vie très active et variée : elle a voyagé et vécu dans de nombreux pays, de religions et de cultures diverses. Chaque fois, elle s'est immergée au milieu des gens, pour apprendre à les connaître dans leurs différences et leurs spécificités. Ce dont elle veut témoigner aujourd'hui, c'est que tous les hommes sont les mêmes. Arabes ou chinois, juifs ou chrétiens, blancs ou noirs, hommes ou femmes, c'est leur très grande unité qui est, pour elle, la vérité ultime. Tous semblables dans notre humaine condition. C'est ce qu'écrit aussi Khalil Gibran *(Le Sable et l'Écume)* : « Ouvre l'œil et regarde, tu verras ton visage dans tous les visages. Tends l'oreille et écoute, tu entendras ta propre voix dans toutes les voix. »

Nous parlions tout à l'heure du bien et du mal, si complexes à déterminer. Je voudrais vous laisser réfléchir, pour finir, à cette phrase du Bouddha : « Le mal, c'est l'inutile. » Peut-on faire plus simple ?

La simplicité ultime ne se révèle pas tout de suite. Mais elle est là, sous toutes choses. Elle est une lecture possible du réel, réservée à ceux qui ont cherché jusque-là. Votre chemin consiste à quitter le simplisme apparent et trompeur des choses pour aller vers plus de complexité dans ce que vous prenez en compte, et plus de finesse dans vos opinions. Ne pas vous contenter d'idées toutes faites. Être toujours curieux d'approfondir et modestes dans vos jugements. Et avancer vers la vraie simplicité, celle des sages et des enfants, celle du cœur.

# Devenir adulte

*« Personne ne peut vous donner la liberté,
elle est à trouver en vous-même. »*

KRISHNAMURTI

*« Plus ne suis ce que j'ai été,
Et plus ne saurais jamais l'être. »*

Clément MAROT

La peur de grandir. Appelons-la peur du monde, peur de l'avenir. C'est celle qui t'habite quand tu n'arrives pas à t'endormir et que tu viens te glisser contre moi. « Qu'est-ce qu'il y a qui ne va pas ? » Tu me réponds : « J'ai peur. » « De quoi ? » « Je ne sais pas. »

À l'adolescence, on se sent perdu. Le monde est vaste, et on en ignore le mode d'emploi. La moindre démarche semble compliquée. Jusque-là, les parents s'occupaient de tout. Bientôt, vous allez devoir vous prendre en charge, et c'est autrement inconfortable. Notre société offre de nombreuses possibilités, mais aurez-vous les capacités de réaliser ce qui vous est offert ? Saurez-vous assumer votre liberté toute neuve et gérer une nouvelle distance entre vous et ceux qui vous ont élevés ? Avez-vous vraiment envie de ce dont vous vous sentez capables, et êtes-vous capables de ce dont vous avez envie ? Que d'inquiétudes, que d'inconnu ! La vie s'apprend en vivant. Il n'y a pas de cours du soir, rien qui permette de faire l'impasse sur un apprentissage parfois difficile. Malgré l'absence quasi totale de certitude et de maîtrise, il faut résister au désir de se nier et de se saborder. Rien de plus triste que ceux qui abandonnent sans avoir essayé, essayé vraiment. « Dans la longueur de ta route, tu t'es fatigué, mais tu ne dis pas : je renonce. » (Isaïe, 57, 10)

Vous pouvez toujours faire le gros dos quand cela ne va pas, et revenir vous blottir un temps pour reprendre des forces. Même si les parents continuent à être présents, c'est à vous de jouer (ils le savent bien, alors inutile de les rejeter !). Lancez-vous dans la vie. Ne vous économisez pas. Ni physiquement : votre corps ne demande qu'à se confronter à ses propres limites. Ni intellectuellement : jamais votre cerveau ne sera aussi performant que maintenant. Ni affectivement : ne craignez pas d'aimer.

**Comme le ver à soie**

L'adolescent, comme l'a dit de manière si imagée Françoise Dolto, est comme un homard pendant la mue. Sans carapace. À vif. Comme toutes les périodes de transition, celle-ci est terriblement inconfortable. On a des habitudes, des manières de fonctionner, qu'il faut lâcher pour en inventer d'autres, et cela est toujours difficile. Mais quel est le moyen de faire autrement ? Il faut quitter une rive et nager avant de pouvoir aborder l'autre. C'est dans cet entre-deux que tout se joue. Les adultes ne sont pas (ou ne devraient pas être) de grands enfants. Enfantins parfois, mais pas infantiles, ou alors ils se sont arrêtés en chemin. Pour trouver, il faut perdre. Le homard perd sa carapace avant de s'en faire une nouvelle. Avant de devenir papillon, le ver à soie doit disparaître et se fondre dans un cocon.

En perdant l'enfance, vous laissez beaucoup : la sécurité, l'illusion de toute-puissance, une certaine innocence. Quelqu'un était là qui veillait sur vous. Mais, en grandissant, vous avez tant à gagner, tant à découvrir. Bientôt c'est vous qui serez aux commandes. Que cela vous plaise ou non, la vie avance. Comme tous les adolescents, vous passez beaucoup de temps à affirmer de façon péremptoire. Votre science toute neuve vous donne des audaces. Admettre vos doutes serait trop dangereux : cela vous mettrait en contact avec votre insécurité profonde. Si tranchants au-dehors, parfois, si fragiles au-dedans. Et si cette énergie, vous l'occupiez à vous construire intérieurement ? Essayez ce chemin-là : plus souples au-dehors, plus fermes au-dedans.

N'avoir qu'une vie, avez-vous bien pris conscience de ce que cela impliquait ? Plus jamais vous ne serez un bébé blotti dans les bras de sa mère, plus jamais un petit enfant de trois ans qui rit aux éclats sur le toboggan. Comme aucun âge ne repasse, il faut s'empresser de jouir de chacun. Être pleinement un enfant, puis un adolescent conscient, un adulte qui trace sa route, un vieux qui enfin n'a plus peur. Rien de plus triste qu'un enfant trop tôt responsabilisé, un adulte infantile ou une vieille femme qui refuse son âge. Vivez pleinement ce que vous avez à vivre, à chaque étape de votre vie. Celle-ci est difficile ? Vous en sortirez. Même si vous quittez l'enfance, elle reste présente en vous, comme en chacun de nous. Le petit garçon triste quand sa mère sortait le soir est toujours inscrit dans ton histoire. Il en est de même pour la petite fille précoce. Et puis l'enfant joueur, l'enfant rieur. Vous avez le droit, sans déchoir à vos yeux, de jouer à faire des bulles de savon, de boire avec une paille, et de vous courir après avec des pistolets à eau ! Cette gaieté qui est la vôtre, cette confiance, surtout gardez-les intactes.

### Un pas après l'autre

Vous avez appris, au long de votre enfance, à vous automaterner. Je me souviens : tu avais peut-être dix mois, tu ne marchais pas encore, mais tu te réveillais, affamée, vers 6 heures du matin. Alors tu sortais de ton lit pour venir me réveiller dans le mien. Pour protéger mes matins, j'avais pris l'habitude de placer sur ton chemin, à quelques pas de ton lit, un morceau de fruit, un petit biberon d'eau, un ou deux biscuits. À peine levée, tu les trouvais et, à quatre pattes, tu les ramenais précieusement dans ton lit. Tu mangeais, puis tu te rendormais une heure. Très vite, vous avez su faire seuls votre petit déjeuner (des céréales dans du lait), puis préparer tout un repas. Du congélateur au micro-ondes, c'était simple. C'était un élément de fierté quand vous pouviez vous débrouiller seuls et me remplacer lorsque je m'absentais. Vous automaterner, c'était aussi, dès trois ans, savoir prendre soin de votre corps : essayer autant que possible de vous laver et de vous habiller seuls.

La vie actuelle incite à une autonomie précoce. Très tôt, vous avez su que l'on pouvait se quitter sans trop se manquer et être heureux, même à distance les uns des autres. À trois ans, vous partiez en vacances une semaine dans un gîte d'enfants. Vers cinq ou six ans, nous savions que nous pouvions vous laisser seuls à la maison quelques heures. Vers huit ans, parlant à peine la langue, vous partiez seuls aux États-Unis, passer quelques semaines chez des amis américains. Lors des séparations, je vous disais : « On ne se quitte pas puisque je vous garde dans mon cœur. » J'ai oublié lors de quel séjour tu m'as dit au téléphone : « Tu ne me manques pas… mais tu sais, maman, ce n'est pas parce que je ne t'aime pas ! » J'ai dû te répondre que c'est bien ainsi que j'aime que tu m'aimes.

La confiance réciproque a permis que vous appreniez à vous débrouiller par vous-mêmes. Plus difficilement, car tout dans notre société va dans l'autre sens, vous avez appris à faire des efforts. Ne pas toujours aller au plus facile. Marcher plutôt que toujours prendre la voiture. Préférer un livre à la télévision. Faire des petits boulots plutôt que demander de l'argent. Nous vous avons expliqué qu'il existait des lois que vous deviez respecter. On n'accuse pas les autres de ce dont on est responsable. On ne se tient pas n'importe comment. On ne dit pas n'importe quoi. On ne parle pas à tout le monde de la même façon. Être mal élevé ou grossier n'est pas une preuve de liberté d'esprit. C'est juste de l'égoïsme et de la bêtise. C'est ne tenir aucun compte de l'autre et prendre le risque de le blesser pour son simple confort. Mais laisser sa place dans le bus, savoir retenir la porte pour quelqu'un ou l'écouter sans l'interrompre, cela s'apprend.

**Savoir vivre**

Maintenant, vous abordez l'étape suivante. Ces règles, c'est à vous d'en sentir l'importance et la nécessité. Si vous voulez tout remettre en question, au moins saurez-vous sur quoi vous pencher. Prenez du recul et faites votre choix. Souvenez-vous que grandir, ce n'est pas seulement acquérir de nouveaux droits, mais aussi devoir se plier à de nouvelles exigences. De l'enfant, on tolère qu'il ne pense qu'à lui. On sait que l'adolescent est peu capable de se détacher de ses propres préoccupations. Pourtant, devenir adulte, c'est quitter progressivement ces comportements infantiles pour s'ouvrir à ce que la vie demande. L'autre est là, la réalité est là, et il est impossible de ne pas en tenir compte. L'autre ne vous comprend pas, la vie vous contrarie. Rien n'est vraiment comme vous voudriez que ce soit. Ce sera toujours vrai. À vous d'apprendre à le supporter et, si possible, à l'aimer. Grandir, c'est sortir de son individualisme (moi, mes désirs, mes envies, mes refus) pour entrer en relation avec l'autre et lui faire sa place. Être adulte, c'est commencer à comprendre que l'autre est aussi important que soi. Mais cela peut prendre plus d'une vie.

Saurez-vous vivre ? Le test, c'est l'action, la vie quotidienne. Comment vous en sortez-vous ici et maintenant ? Regardez comment vous faites face à l'anxiété, à la honte, au ridicule, à la peine, au refus. Savez-vous aborder les difficultés sans en faire forcément des problèmes, et les problèmes sans en faire de la souffrance ? Si vous êtes habités par un désir profond de connaissances, vous ferez votre chemin au milieu des erreurs. L'expérience viendra.

Vous choisirez votre vie. Certaines choses nous décevront, comme nous avons nous-mêmes déçu nos parents. C'est le lot de chacun : les parents attendent toujours beaucoup trop de leurs enfants. La réussite, le travail, un conjoint « à la hauteur », et des petits-enfants. « Tu aurais pu faire mieux si tu avais voulu » (être médecin, devenir concertiste ou danseuse étoile, épouser un ingénieur, etc.). Mais presque tout cela n'est que rêves et projections. Allez vers ces désirs forts qui poussent en vous, et non vers ce que vos parents tentent de faire de vous. Soyez vous-mêmes : vous en assumerez les conséquences toute votre vie. Agissez comme vous sentez juste de le faire. Chacun de nous est comme l'instrument d'un orchestre. Nous devons apprendre à bien nous accorder et à trouver notre place dans le morceau qui se joue. Symphonie du nouveau monde, symphonie fantastique, symphonie toujours inachevée...

Partez, si le moment est venu, si vous en sentez la nécessité. Il est toujours douloureux pour les mères de voir partir leurs enfants, même si elles ont su développer d'autres centres d'intérêt. Le « syndrome du nid vide » peut être la cause d'une réelle dépression. Surtout si la mère s'est consacrée totalement à ses enfants depuis plus de vingt ans. Elle les voudrait encore dépendants d'elle : en les perdant, elle perd sa raison d'exister. Elle perd l'amour et sa joie de vivre. Pourtant, vous avez le droit de partir. C'est ainsi que les choses doivent être. Partez à votre tour, mais, si possible, sans claquer la porte. Dans le respect de l'autre, de ceux qui vous ont amenés au monde.

# Le libre espace

*« La vraie liberté, c'est pouvoir toute chose sur soi. »*

MONTAIGNE

*« Le désert lavait tout dans son vent, effaçait tout. Les hommes avaient la liberté de l'espace dans leur regard. »*

J.-M. G. LE CLÉZIO

Je voudrais vous parler de la liberté. Ou plutôt de ce que, modestement, j'en ai compris.

Ne comptez pas sur moi pour vous dire que tout est écrit d'avance sur quelques tablettes célestes. Nous ne sommes pas les marionnettes d'un scénario qu'on ne pourrait retoucher. Croire cela serait désespérant et s'opposerait à toutes nos expériences concrètes.

## Votre histoire est imprévisible

Quand un enfant a telle difficulté ou que tel événement surgit dans sa vie, on entend souvent prédire ce qui lui adviendra plus tard. Chacun croit en connaître les conséquences. Il est fils unique ? Il sera égoïste. Son père a quitté la maison ? Il sera en manque d'identification masculine. La psychologue que je suis s'interdit toutes ces projections. Il n'y a pas deux histoires semblables, et il serait fou de prétendre savoir mieux que la vie. Respectons chez chacun la possibilité de faire un pas de côté, d'aller ailleurs que là où son histoire « logiquement » le porte. À la limite, prévoir serait influencer et risquer de figer ce qui n'est qu'un des scénarios de vie possibles. Quand il y en a mille autres.

C'est pour la même raison que je ne m'intéresse ni à la voyance, ni à l'astrologie prédictive. Elles nous volent notre liberté, induisent nos choix et figent le réel. J'entendais une femme raconter l'autre jour qu'une voyante lui avait prédit qu'elle mourrait un 15 septembre, mais sans lui préciser l'année. Depuis ce jour, tous les ans, à l'approche de cette date, elle vit dans l'angoisse. Un jour, elle en mourra de peur, et la prophétie se sera alors réalisée…

N'écoutez pas ceux qui prétendent savoir mieux que vous ce que vous ferez de votre vie. « Des circonstances favorables à la réalisation de vos projets en janvier » ? Mais c'est en juin que tu passes ton bac, et qu'il faudra le réussir. « L'amour traversera votre vie en mars » ? Mais c'est chaque jour qu'il faut aimer.

## Quand je serai grand...

Je vous entends fréquemment rêver sur tout ce que vous pourrez faire lorsque vous aurez l'âge, la possibilité ou le droit de le faire. Il s'agit le plus souvent de transgresser des interdits ou des limites mis en place par les parents ou par la loi. « Vivement que je sois libre de faire ce que je veux. » « Quand j'aurai dix-huit ans, je pourrai rentrer à quelle heure le soir ? » Vous imaginez volontiers que les adultes jouissent d'une magnifique liberté dont vous êtes provisoirement privés.

En un sens, c'est vrai. Les adultes n'ont plus de permission à demander pour partir en week-end à Naples, rentrer à 3 heures du matin, inviter leurs amis en week-end ou s'acheter un nouveau sac à dos. Ils n'ont pas de comptes à rendre s'ils ne rangent pas la cuisine ou bien oublient leurs gants dans le bus.

Mais pour l'essentiel, c'est faux. Avec le surcroît de liberté, augmentent aussi les responsabilités. Seul pour faire ses choix, mais seul aussi pour les assumer. Seul pour dépenser ses sous, mais aussi seul pour les gagner (avec tout ce que cela entraîne comme dépendances). Puis, le jour où l'on forme un couple, celui où l'on a des enfants, la liberté au sens où vous l'entendez, la liberté de faire ce que l'on veut, diminue singulièrement. Quand la vie des autres dépend de nous, la liberté prend un tout autre sens.

## Le conditionnement

La liberté d'agir comme on l'entend est évidemment limitée par les capacités matérielles dont on dispose. Même libres d'utiliser votre argent de poche comme vous le voulez, vous vous rendez bien compte que vous ne pouvez pas acheter tout ce que vous voudriez. C'est vrai dans tous les domaines et pour tout le monde : les limitations de tous ordres simplifient les choix. Je partirais bien au ski, mais mamie est malade et je ne veux pas la laisser seule. Tu serais bien allé au cinéma, mais à cette séance la salle était pleine. Vous voyez déjà que notre part de liberté est bien mince, puisque l'on ne peut tout contrôler et que tant de choses nous échappent.

Mais, en creusant un peu, on s'aperçoit que notre privation de liberté est bien plus profonde et insidieuse.

Allons au plus simple : vous n'avez pas choisi de venir au monde, ni rien décidé des conditions de votre naissance. Vous n'avez choisi ni vos parents, ni vos frères et sœurs, ni votre nationalité, ni votre sexe, ni rien du tout. Or vous savez bien à quel point tout cela limite votre liberté.

*Les gènes.* Briques avec lesquelles vous vous construisez, ils regroupent vos caractéristiques physiques, vos potentiels, vos risques d'attraper certaines maladies, peut-être aussi des éléments de votre caractère ou de vos goûts. Ces gènes vous viennent de vos parents, qui les tenaient des leurs, et ainsi depuis la nuit des temps. Tel spermatozoïde et tel ovule ont fait cet enfant-là, unique et différent de tous les autres. Un jour, vous transmettrez vous aussi une partie de vos gènes, servant de lien de transmission dans la longue chaîne de l'humanité.

Comme le précise bien Boris Cyrulnik, les gènes sont une promesse, et non un programme. L'homme peut s'extraire de sa condition et de ses déterminations. Mais, malgré cela, quelle liberté avez-vous face à votre matériel génétique? Quelles possibilités de vous en affranchir? Bien peu, dans l'état actuel de la science. Tu voulais les yeux bleus de ton père? Tu as les yeux bruns de ta mère. Tu aurais voulu avoir la taille mannequin? C'est raté. Il faudra apprendre à vivre avec ce que vous êtes. Apprendre à vous aimer, uniques et merveilleux. Ce corps, vous n'en aurez pas d'autre; c'est votre unique monture. Prenez-en soin : elle doit vous mener loin.

*Les conditions extérieures.* Être né dans tel milieu social et culturel, dans tel pays, cela non plus vous ne l'avez pas choisi. Pourtant, jamais vous n'en serez complètement libres. Vous avez appris avec vos parents ce qu'était le bon et le mauvais, le beau et le laid, l'essentiel et l'accessoire. Vous l'avez intégré : pour le petit enfant, le parent a toujours raison. Même si nous avons essayé de relativiser nos choix et notre façon de vivre («Nous, nous pensons qu'il est important que tu apprennes à manger de tout; mais dans une autre famille on te dirait autre chose »), vous avez fait vôtres nos habitudes de vie. Tu me dis : « Tu sais, Marianne, elle a le même âge que moi, et sa mère la laisse se maquiller. » Mais tu n'insistes pas. Tu connais ma réponse : « Nous sommes tous différents. Chaque parent a ses idées sur l'éducation, qu'il s'est construites au fil du temps et qu'il tente d'appliquer. Mon idée à moi, c'est que tu es trop jeune pour aller maquillée en cours. Mais si tu n'es plus d'accord, on peut en discuter. »

Notre façon de vivre notre enfance nous marque pour toujours. Un exemple tout simple vous le fera comprendre. Après avoir mangé une nourriture française classique pendant vingt ans, croyez-vous que vous pourriez facilement goûter, je ne parle même pas d'aimer, le criquet grillé, la sauce à la menthe ou la cervelle de singe ? Nos idées, vous les remettrez en question : c'est le rôle même de l'adolescence. Nos goûts aussi, souvent. Mais pour le reste, tout le reste, où est votre liberté ?

*Les règles intérieures.* Les psychologues les appellent le surmoi. Il s'agit de l'ensemble des règles et des lois que nos parents, nos maîtres, la société, nous ont répétées dans notre petite enfance, et que nous avons fini par prendre à notre propre compte. Cela se fait très tôt. C'est vers trois ou quatre ans que le petit enfant rappelle à son papa qu'il doit mettre sa ceinture de sécurité. Vers quatre ou cinq ans qu'il dénonce à la maîtresse celui qui a dit un gros mot ou qui a écrit au feutre quand il fallait prendre un crayon. Il a appris la règle et il est tout fier de montrer à l'adulte qu'il est capable de l'appliquer et, à son tour, de la faire appliquer. Le surmoi est la base du code moral de chacun. Tellement intégré qu'il est bien difficile à remettre en question. Dans ce code, sont inscrites, selon l'éducation de chacun, des phrases comme :

— Ne sois pas égoïste, pense aux autres.
— Ne sois jamais en retard.
— Sois parfait. Sois bon élève.
— Ne mens pas.

Ces règles sont inscrites en nous et nous meuvent, souvent à notre insu. Seul un long travail sur soi permet d'en prendre conscience et de s'affranchir de celles qui ne nous semblent pas appropriées à notre vie d'adulte.

À ces règles de conduite, s'ajoutent l'image de nous-mêmes que nous nous sommes construite et le projet que nos parents avaient pour nous. La petite fille dont la mère veut absolument faire une danseuse étoile ou une championne de tennis, quelle liberté a-t-elle de n'aimer que la couture ou les maths ? Celui que le père ne voyait qu'ingénieur, comment ne se sentirait-il pas en échec s'il parvient à devenir « seulement » un honnête technicien ? Celui qui a entendu toute son enfance qu'il était nul, ou paresseux, ou méchant, quelle liberté a-t-il de se sentir autre ?

## La loi de cause à effet

Un autre mécanisme vient encore limiter votre capacité d'agir librement. Votre avenir n'est pas écrit, je l'ai dit, mais votre présent l'est dans une large mesure. À chaque instant, ce qui arrive, ainsi que la manière dont vous vous comportez, est fonction de l'instant précédent. Chaque seconde est cause pour la suivante, et nous ne faisons que réagir à ce qui survient.

Quelques exemples très simples vous montreront ce que je veux dire. Tu avais l'intention de lire tranquillement ta revue au soleil. Mais tu ressens une soif et tu te lèves pour aller te servir à boire (réaction). Le téléphone sonne, et tu bifurques pour aller répondre (réaction). C'est Matthieu qui t'informe qu'il ne viendra pas à ton anniversaire et tu ressens de la déception (réaction). Tu vas te consoler avec une tablette de chocolat (réaction). Ce soir tu auras mal au cœur (réaction). Et ainsi de suite. Es-tu libre de ne pas avoir soif, de ne pas répondre au téléphone, de ne pas être déçu, de ne pas manger de chocolat, de ne pas avoir mal au cœur ? Non. Chaque action, chaque émotion sont déclenchées par la précédente. L'enchaînement est permanent. Ce que tu fais ou ressens, tu n'étais pas libre de ne pas le faire ou de ne pas le ressentir. D'ailleurs, il y a une phrase que tu dis souvent et qui illustre bien que tu n'es pas dupe : « Je n'y peux rien, c'est plus fort que moi. »

C'est toi qui penses, ressens et agis. Toi ne peut pas être plus fort que toi. Mais c'est un long chemin pour le découvrir.

## Tu es libre, pourtant

Si je m'arrêtais là, vous pourriez penser que nous ne disposons, pauvres humains, que d'une bien faible marge de manœuvre. Nous ne sommes pas libres de notre corps : il décide seul de ses rhumes, de ses douleurs et de ses insomnies. Pas libres non plus de notre esprit : nous ne dirigeons pas nos pensées et sommes incapables de rester deux minutes sans qu'elles envahissent notre champ de conscience. Nous ne sommes pas libres, enfin, de nos émotions : l'anxiété nous tisse une boule dans la gorge ou la colère nous met le rouge aux joues, sans que nous puissions l'empêcher. Les quelques espaces où le vent se glisse encore, peut-on même appeler cela liberté ?

Et pourtant. C'est lorsque nous avons bien vu cela que tout commence. Si nous renonçons à trouver la liberté là où elle n'est pas, nous pouvons commencer à la chercher là où elle se cache. Il n'y a pas vraiment de hasard. Le choix véritable n'existe pas. Pourtant nous sommes libres, plus qu'aucun autre animal ne l'est. En tant qu'êtres humains, nous ne nous résumons pas à un code génétique et à des instincts. Nous avons la conscience, qui nous permet de voir, de juger, de décider, de changer. Même programmés par les gènes, le langage, la tradition, nous pouvons nous extraire de notre condition.

Vous partez le matin, le temps est gris. Votre liberté, c'est de décider si vous prenez un imperméable ou non. Finalement, vous partez en pull. Il se met à pleuvoir. Votre liberté, c'est de décider si vous allez vous abriter ou courir, râler ou non. Remarquez bien que cela ne changera rien au fait qu'il pleuve, qui ne dépend pas de vous. La pluie s'en moque, qu'elle vous contrarie ou vous mouille. Mais cela peut changer beaucoup en ce qui vous concerne. Si vous vous abritez, vous risquez d'être en retard ; si vous courez sous la pluie, vous risquez de vous enrhumer ; si vous râlez, vous serez malheureux.

Il y a donc bien des interstices de liberté. Face à ce que la vie vous impose, vos réactions vous appartiennent. Vous n'êtes pas obligés de fonctionner comme des automates. Certains matins, tu te lèves « du pied gauche ». Je te demande pourquoi tu fais la tête. « Pour rien », me dis-tu. Je te suggère : « Alors, s'il n'y a pas de raison et que cela gêne tout le monde, arrête. » « J'y peux rien, c'est comme ça », marmonnes-tu en réponse. Oh, si, tu y peux. Tu es même la seule à y pouvoir quelque chose. C'est là, précisément qu'il faut exercer ta liberté. Se sentir de mauvaise humeur arrive à tout le monde et tu n'y peux rien. D'accord. Mais choisir de le rester ou non t'appartient. Connais-tu ce proverbe chinois ?

« On ne peut empêcher les oiseaux noirs de voler autour de nos têtes, mais on peut les empêcher d'y faire leur nid. »

Sept heures, ton réveil sonne. Tu n'es pas libre de modifier cela. Mais réagir par « Oh, quelle barbe, je suis crevée », ou par « Chic, une nouvelle journée qui commence », c'est ton choix.

Vous n'êtes pas libres des événements ou des émotions qui surviennent. Mais vous êtes libres de votre façon d'y réagir. Bien sûr que ce n'est pas facile et que cela demande des efforts. C'est moins simple que de se retrancher derrière un « J'y peux rien, c'est plus fort que moi ». Mais qui a dit que la liberté, c'était simple ? Que le bonheur, c'était facile ?

Rien ne vous dispense de réfléchir. Remettre en question ce que vous croyez et ce qui vous paraît juste, revenir sur vos habitudes et vos croyances, voilà encore comment vous pouvez exercer votre liberté. Dans certaines familles, on est menuisier, médecin ou charcutier de père en fils. Mais l'un peut toujours rompre la chaîne et décider qu'il sera facteur ou poète. Pourquoi bois-tu du chocolat le matin ? Parce que tu en as l'habitude. Une habitude, cela se change. Essaie les céréales, le thé, les yaourts, l'œuf à la coque, puis tu feras librement ton choix. Il y a tant de choses que l'on fait par habitude, sans savoir bien pourquoi (ou alors la raison s'est perdue dans la nuit des temps). Je ne suis pas contre les habitudes, elles simplifient beaucoup l'existence, mais je crois qu'exercer sa liberté, c'est les remettre en question et ne garder que celles qui correspondent à de vrais choix. Les autres, on les change. Essayez : vous verrez comme cela peut rendre plus léger, plus joyeux.

## Écrivez votre vie

La page qui vous concerne, sur le grand cahier de l'histoire des hommes, est à peine entamée. C'est à vous d'écrire la suite, jour après jour. Bien sûr que tout n'est pas possible : il vous faut déjà tenir compte de quelques limitations. C'est ce que l'on appelle le principe de réalité. Il s'oppose au principe de plaisir, selon lequel « Je fais ce que je veux, ce qui me plaît », et qui est propre aux enfants. La réalité impose des limites aux désirs et à l'imaginaire. Un amputé peut faire beaucoup de choses, mais sans doute pas sauter à la perche. Un homme d'un mètre soixante aura du mal à devenir champion de basket-ball. Un élève nul en maths ne rentrera pas à l'École polytechnique. De cela, on doit tenir compte. En revanche, il est beaucoup de limitations imaginaires qui sont autant de faux obstacles, dont vous auriez intérêt à vous débarrasser. À quoi sert de se dire « De toute façon je suis nul en orthographe ! » sauf à se donner l'alibi de le rester ? Il serait plus juste de dire « Jusqu'ici j'ai toujours eu beaucoup de difficultés avec l'orthographe », ce qui est une constatation objective, qui n'engage pas l'avenir. On peut décider de changer.

Tentez d'écrire votre vie au plus près de vos désirs, mais aussi au plus près de votre vérité. On est heureux dans une vie qui nous ressemble. Souvent, à votre âge, on est fasciné par les destins d'exception : les chanteurs qui gagnent des fortunes sur une seule chanson, les vedettes qui gravissent les marches du festival de Cannes sous les flashes des appareils photo. Mais on ne voit pas tous ceux qui ont essayé en vain, les petits, les obscurs, les aigris. N'adoptez pas un destin qui n'est pas le vôtre, en rêvant d'être la prochaine vedette en vogue. Ou alors donnez-vous vraiment, et dès maintenant, les moyens de le devenir.

Tout n'est pas réalisable, mais il existe bien plus de possibilités que vous ne l'imaginez. Les parents ont des projets pour leurs enfants : cela montre leur espoir et leur confiance. Mais des projets ne sont pas des carcans. C'est vous qui déciderez. J'ai entendu un jour cette phrase si juste qui s'est fixée dans ma mémoire : « Essayer de faire d'un enfant autre chose que ce qu'il est risque de l'empêcher de devenir quelqu'un. »

Se connaître assez pour savoir choisir la route qui correspond à ce que l'on est vraiment, cela peut prendre des années. Il faut de l'honnêteté et de la lucidité pour savoir quels sont ses capacités, ses atouts, ses vraies limites. Ne comptez pas sur la chance, mais sur ce que vous vous sentez capables de réaliser. Il y a des champions de boxe dans toutes les catégories. Il y a de merveilleuses partitions pour tous les instruments. Votre but, c'est d'apprendre, librement, à jouer juste de votre vie.

# Être responsable, c'est répondre

*« Émotionnellement, acceptez tout, puisque c'est là. Intellectuellement, voyez ce qui peut être fait, et faites-le, de façon calme et positive. Sinon, acceptez de tout votre cœur et soyez en paix avec cela. »*

Swami Prajnanpad

*« Qui veut faire à la hâte un très grand feu commence avec de faibles brins. »*

William Shakespeare

« Ce n'est pas ma faute ! » « Je n'y peux rien, c'est plus fort que moi ! » « Ce n'est pas moi, c'est lui qui m'est rentré dedans ! » « C'est à cause d'elle si je suis en colère ! »...

## Responsable de soi

Stop ! Chaque fois que je vous ai entendus faire ce genre de réflexions, je vous ai arrêtés. Accuser les autres ou les événements extérieurs ne mène à rien qu'à se sentir les pauvres victimes d'un monde cruel. Pour être pleinement adulte, il faut prendre l'entière responsabilité de son monde et de sa vie.

Notre réalité intérieure, pensées, émotions, décisions, nous appartient. Elle dépend de nous. Non seulement elle n'est pas le jouet de l'entourage, mais nous pouvons la contrôler. La première étape consiste à être pleinement honnête avec soi-même, en regardant lucidement les émotions, les désirs et les peurs qui nous traversent. La seconde, à admettre une fois pour toutes que nous avons le pouvoir sur nous-mêmes, et que personne d'autre ne l'a. Notre vie intérieure détermine notre état d'esprit et nos actions. Si tu es en colère, ce n'est pas la faute de cet escroc qui t'a volé ton porte-monnaie : il n'est que déclencheur. C'est ta responsabilité totale de réagir comme tu le fais. C'est toi qui lui donnes le pouvoir de te mettre en colère. Et dans ce cas, tu restes irritable avec tes proches, tu te provoques des aigreurs d'estomac, etc. À chacun de penser comme il veut, en sachant bien que ses pensées influencent sa vie. Si l'on se sent envahi par des pensées noires, on se sentira plus déprimé. Si l'on se fait sans arrêt du souci, l'anxiété finit par provoquer un ulcère ou de graves insomnies. On perd toute son énergie.

Toute notre vie dépend de notre état d'esprit. C'est donc à chacun, en toute liberté, de prendre la responsabilité de son moi intérieur. À chacun de se construire. Faire de l'autre la cause, c'est s'ôter toute possibilité de changer et d'être heureux. Si notre joie de vivre est sous la dépendance d'autrui, comment la préserver ? Nos pensées nous appartiennent et nous avons sans cesse des choix à faire. Être responsable, c'est répondre, à chaque instant, à ce que la vie nous envoie. Tu t'aperçois que ta sœur s'est encore servie de ton ordinateur en ton absence, sans te le demander. Vas-tu pour une fois faire comme si tu n'avais rien vu ? Lui faire immédiatement une scène ? Prendre des mesures vengeresses ? Attendre d'être moins contrariée pour lui en parler ? Vas-tu laisser cet événement te perturber pour plusieurs heures, et ranimer volontairement ta rancœur lorsque tu sens qu'elle s'épuise ? Ou bien vas-tu refuser de rester agacée et décider, une fois les choses dites, de ne plus y penser et de passer à autre chose ? C'est ton choix.

Un soi-disant copain t'a dit une méchanceté. Si tu en ressens une tristesse ou une colère durables, c'est que tu accordes plus d'importance à ses mots qu'à tes propres convictions. Tu le laisses empiéter sur ta sérénité. Mais c'est ta pensée qui te fait du mal et non les mots de l'autre. Tu as le choix de sortir de cet état négatif, en te disant par exemple que c'est seulement son opinion, qu'il est mal luné aujourd'hui, etc. Ou bien d'y rester en prenant pour toi ce qui vient d'être dit et en le ressassant pendant des heures. Personne ne peut faire ce choix à ta place. Mais sache qu'à chaque moment nous sommes le résultat de nos pensées, et qu'elles peuvent être contrôlées.

Être profondément en accord avec sa conscience personnelle, avec son éthique propre, est plus important qu'obtenir l'approbation d'autrui. Bien sûr, être intégré et avoir des amis est important, mais pas au point de devoir renoncer à ce que nous sommes. On ne peut pas plaire toujours, ni se laisser envahir par autrui, au risque de se perdre. Vous avez le choix et vous êtes responsables de vos pensées, de vos états d'esprit et de vos actes. Cela n'est pas facile et demande un vrai travail. Mais la vie nous offre chaque jour un grand nombre d'occasions pour nous entraîner. Une contrariété, une déception... Je prends ou je laisse. Je réagis ou je laisse glisser. Je me laisse toucher, abîmer, attrister, ou je trouve en moi la liberté de donner un autre sens à ce qui survient. Nous croyons trop facilement que ce sont les événements qui décident de notre vie. Or, c'est nous qui décidons, selon que nous savons ou non les accueillir, du sens à leur donner.

**À nous de répondre**

Mettre toujours hors de soi l'origine de ce qui gouverne notre vie fait de nous des esclaves. Si parce que Paul m'a dit que j'étais moche, je suis malheureuse, alors je donne à Paul la responsabilité de mon malheur. Il peut, à volonté, m'ôter ma joie de vivre. Et chaque fois, comme un petit bouchon soulevé par la moindre vague, je subis. En revanche, si je suis à l'origine, auteur de ce qui survient, je peux agir. Ce qui m'arrive est mon problème : donc c'est à moi de le résoudre. Si j'ai raté ce match de tennis, c'est parce que je manque d'entraînement (je peux faire mieux la prochaine fois) et non à cause du vent. Si je suis de mauvaise humeur aujourd'hui, c'est parce que je le veux bien (donc je pourrais changer), et non parce que « c'est comme ça, je n'y peux rien ».

Nous sommes responsables de tout ce qui nous arrive. Enfants, je vous disais souvent, lorsqu'une bêtise avait été commise, que je ne disputerais pas celui qui se prendrait en charge. Si l'un venait me dire : « Je suis désolé, j'ai laissé tomber mon verre de lait et il s'est cassé », je l'incitais seulement à passer une serpillière en prenant garde aux éclats de verre. Mais j'étais intolérante avec les phrases comme : « Ce n'est pas ma faute, il a glissé ! » Il ne s'agit aucunement de faute, tout le monde peut être maladroit, mais de responsabilité. Un verre ne se remplit pas de lait tout seul et ne glisse pas tout seul. L'événement t'arrive, tu en es responsable : quelle réponse apportes-tu ?

Nous sommes responsables, du seul fait que nous soyons là, parce que nous devons apporter des réponses et que celles-ci nous appartiennent en propre. Ce qui est est, et ce qui n'est pas n'est pas : rien à faire à cela. Mais, face à ce qui est, comment allons-nous réagir et nous positionner ? Être responsable, au sens où j'aimerais que vous le soyez, c'est simplement cela : être présent, assumer, faire avec la réalité, sans fuir ni rejeter « la faute » sur autrui. Passer d'objet qui subit à sujet qui agit, assume et décide. On n'est pas responsable à moitié : on l'est à cent pour cent ou pas du tout. Car c'est de notre vie qu'il s'agit. Je suis responsable de ce qui est, car c'est moi qui suis là, et c'est à moi que cela arrive.

Mais être responsable, ce n'est pas forcément être cause de ce qui arrive, et encore moins en être coupable. Prenons un exemple. Je sors dehors faire une promenade, et il se met à pleuvoir. Je suis mouillée par la pluie. J'en suis responsable : parce que je suis sortie à ce moment-là, parce que je n'ai pas pris de parapluie, parce que c'est moi qui suis mouillée, tout simplement. C'est mon problème. Mais je ne suis pas à l'origine de la pluie et je ne suis aucunement coupable de ce qui se passe. En tant que responsable, je me dois de répondre à la situation. Vais-je m'abriter sous un porche ou partir en courant ? Vais-je râler pour ma coiffure fichue ou rire de ma tête dans la glace ? Vais-je en vouloir au climat et à la vie en général (« Évidemment, il faisait beau avant, mais il suffit que je sorte pour qu'il pleuve... ») ? Cela m'appartient.

J'avais pris un exemple semblable pour vous montrer que, dans notre attitude, résidait notre liberté. Notre responsabilité aussi. Comme le disait Épictète au Ier siècle : « Tu voudrais être libre. Il n'y a pour cette liberté qu'un chemin : le mépris des choses qui ne dépendent pas de nous. »

## Responsable de tout, responsable de soi

Cela va très loin. Il y a un élément essentiel que l'on oublie souvent, et que la science moderne analyse à sa façon. Chacun de nos actes entraîne des conséquences, qui en entraîneront d'autres, dans une chaîne sans fin. Impossible, en tant qu'être humain adulte, de se dire « Tant pis pour les autres », ou « Après moi, le déluge ». Selon que je réponds à la boulangère avec un sourire ou sur un ton rogue, bien des choses peuvent en être changées. Rappelez-vous ces deux films d'Alain Resnais, *Smoking, No smoking,* qui traitaient justement de ce thème. Le seul fait de prendre ou non une cigarette changeait le scénario. Chacune de nos attitudes peut changer l'histoire. Même une modification infiniment petite peut avoir des effets énormes. Décrocher ou non le téléphone, ébaucher un sourire, regarder un instant de plus le paysage… cela peut tout changer de nos vies.

Une fois que l'on a compris cela, on vit sa responsabilité d'être humain autrement. Vous ne pouvez pas faire de grandes choses pour changer le monde, ou seulement votre monde ? Faites-en de petites. Modifiez un petit peu votre façon d'être avec les autres, avec la nature, avec les animaux. Plantez cent petites graines. Développez en vous des valeurs de solidarité, de compassion. Et vous verrez le monde changer. Nous sommes peu de chose et nous sommes tout. Impuissants et responsables.

C'est dans cet entre-deux paradoxal, inconfortable mais dynamique, qu'est notre place. J'aime cette parole d'un soufi : « Il faudrait se promener toujours avec un gilet à deux poches. Dans chaque poche, il y aurait un papier. Sur l'un serait inscrit : "Je ne suis que poussière", sur l'autre : "Le monde est sous mon entière responsabilité." »

### Être responsable, c'est agir

Prendre progressivement le contrôle de sa vie intérieure et se savoir responsable de ce qui nous arrive amènent forcément à agir d'une façon différente. Les décisions se prennent en fonction de motivations intérieures, sans souci de l'approbation d'autrui, mais en totale conscience des conséquences que ces actes peuvent entraîner. On sait pourquoi on fait telle chose, et on se sent prêt à l'assumer. Si tu décides l'an prochain de changer de lycée, tu auras bien réfléchi à la question, en tâchant de peser chacun des éléments. Tu sais bien pourquoi cette décision s'impose. Tu en assumeras donc les conséquences sans te plaindre, en tâchant de les rendre les plus légères possible. C'est toujours plus facile de vivre les choses, même pénibles, qui découlent de ce que l'on a soi-même décidé, comme sujet de sa propre vie.

Agir, c'est être pleinement en accord avec ce que l'on vit (même si une part de nous préférerait être ailleurs), en sachant pourquoi on le vit. Lorsque je me mets au travail, je préférerais parfois aller me promener, faire un gâteau, prendre un livre ou venir bavarder avec vous. Mais j'ai fait le choix de travailler, j'ai des engagements professionnels et des délais à tenir. J'aime mon métier et j'ai besoin de l'argent qu'il me permet de gagner. Alors je me mets au travail sans états d'âme, veillant à être tout entière à ce que je fais. J'essaie aussi de me garder du temps pour ce que j'aime faire d'autre. Les jours où je m'attelle à la tâche à contrecœur, sans parvenir à changer mon état d'esprit, je ne fais rien de bon. Mieux vaut ne rien faire que faire semblant, ou en râlant.

Réfléchissez : vous verrez que presque tout ce qui nous paraît pénible dans notre quotidien n'est qu'une conséquence de choix que l'on a soi-même faits. Tu n'as souvent pas envie de repartir au gymnase après le dîner, mais c'est toi qui as voulu t'inscrire au volley. Tu te plains de ton professeur de lettres, mais il enseigne dans l'établissement où tu as voulu aller. Tu te sens fatigué, mais tu es seul juge de l'heure à laquelle tu te couches. Ce raisonnement, conduit à son terme, arrive à ceci : tout ce qui nous arrive est une conséquence du simple fait de vivre, d'être là, et de le choisir chaque matin.

Agir, c'est être à ce que l'on fait. Je vous entends souvent dire que, lorsque vous êtes contraints à une action mécanique qui vous semble ennuyeuse, vous en profitez pour penser à autre chose. Si bien que même dans une action agréable, comme se promener dans les bois ou partager une quiche qui sort du four, vous ne savez plus être là. Contrôler sa pensée, c'est aussi pouvoir la ramener ici et maintenant. Ce que je fais, je le fais avec mes mains, avec mon cœur et avec ma tête. Je me rassemble, entière, dans l'acte et dans l'instant.

Votre vie ne vous plaît pas ? Voyez ce que vous pouvez changer. Agir, c'est le contraire de subir. Avant de dire : « Je n'y peux rien », assurez-vous que c'est bien le cas. Avez-vous tout essayé ? N'y a-t-il vraiment rien que vous puissiez encore tenter ? Ne jetez pas l'éponge trop vite. C'est vrai qu'il y a des choses que vous ne pourrez pas changer : tout ne dépend pas de vous. Alors il reste à accepter de bon cœur. Rappelez-vous que, d'une certaine façon, on ne fait jamais que ce que l'on veut. J'insiste, parce que reconnaître cela, c'est être sujet de sa vie, donc cesser de se plaindre : tout ce que vous faites, une part de vous est d'accord pour le faire.

Agir, c'est aussi le contraire de réagir. Quand on réagit, on est pris par une émotion et on « renvoie la balle » de manière impulsive. Les réactions sont souvent excessives, puis regrettées. L'action est prise dans le calme. Elle tient compte de tous les éléments de la situation. Elle est positive, résolue et nécessaire. Autant dire que nous en sommes rarement capables. Mais si nous n'avons pas su, ou pas pu, inutile de s'en vouloir. On est comme on est. On voit ce qui s'est passé, on assume les conséquences, on en profite pour évoluer. Personne ne nous demande d'être parfaits, juste d'être honnêtes et bien intentionnés. La vie n'est faite que d'occasions d'évoluer. Il y a toutes celles que l'on rate, et quelques-unes qui nous rendent plus lucides et plus denses.

### Le regret et la culpabilité

Aucun de ces deux sentiments n'a d'intérêt. Regretter, c'est vouloir que le passé soit autrement que ce qu'il a été, ce qui n'a aucun sens. Plutôt accepter lucidement ce qui a été fait, assumer ce qui en découle et en tirer les conséquences pour l'avenir. Les « j'aurais dû... » et les « si seulement... » n'ont d'intérêt que s'ils servent de leçon ou s'ils préparent à une action future.

Il en est de même pour la culpabilité, souvent si destructrice. Ce qui est fait est fait et on a été celui ou celle que l'on a été. Il ne s'agit pas de se moquer de tout, bien au contraire. Il s'agit de voir ce qui a été fait et de se pardonner si nécessaire (si on avait pu faire mieux ou autrement, on l'aurait fait). Ce que l'on peut réparer, on le fait. Si l'on ressent la nécessité de changer, on s'y efforce. Mais on ne peut agir qu'au présent. La seule question valable est : maintenant, compte tenu de ce qui a été, qu'est-ce que je peux faire ? Quelles leçons puis-je en tirer pour l'avenir ? Bien des parents (moi y comprise) ont parfois tendance à culpabiliser leurs enfants s'ils estiment qu'ils prennent leurs erreurs un peu trop à la légère. C'est un tort, et vous ne manquez pas de me le dire, par des réflexions comme : « Pas la peine d'en faire un plat. J'ai perdu mes lunettes de soleil, c'est tout, cela arrive à tout le monde. » Il est effectivement beaucoup plus utile d'apprendre aux enfants à être responsables, c'est-à-dire à répondre à la situation. Tu as perdu tes lunettes ? D'accord. Que peux-tu faire ? Les chercher encore ? Demander à ceux qui étaient avec toi ? Mettre une annonce à l'endroit où tu étais ? Si tu ne les retrouves pas, quels moyens peux-tu te donner pour les remplacer ?

## Progresser par l'erreur

Si regret et culpabilité sont inutiles, les erreurs, quant à elles, sont indispensables. Sans se tromper, comment savoir ce que l'on ignore ? Je me souviens de votre surprise ravie lorsque je vous consolais d'une mauvaise note à un contrôle de maths par une phrase comme : « C'est bien que tu aies fait toutes ces erreurs ; maintenant, on sait exactement ce que tu n'as pas compris et ce qu'il te faut reprendre. » Si seulement les enseignants pouvaient développer cette vision positive des choses, plutôt que de toujours sanctionner ceux qui n'ont pas compris ! Combien d'élèves se disent : « Je lèverais bien la main pour répondre ou pour poser une question, mais j'ai peur de me tromper ou d'avoir l'air bête. » Le succès nous apprend peu de choses et nous rend souvent trop sûrs de nous, alors qu'il ne fait que masquer notre ignorance. On croit que l'on sait, alors que, le plus souvent, on ne fait que se cantonner prudemment dans les domaines que l'on maîtrise. Prendre le risque de se tromper est beaucoup plus enrichissant et ne mérite qu'encouragements.

Cette anecdote scolaire montre le côté le plus évident du rôle bénéfique de l'erreur, mais il va bien au-delà. Toute l'histoire des hommes, l'histoire des sciences notamment, montre qu'il n'y a de progression qu'à travers les erreurs et ce qu'elles nous enseignent. Tous les scientifiques le disent : on apprend beaucoup plus à travers ses erreurs (innombrables) qu'à travers ses réussites (plutôt rares !). Ne pas vouloir se tromper, c'est ne jamais agir. La sagesse populaire le dit bien, quand elle affirme qu'il n'y a que ceux qui ne font rien qui ne se trompent pas.

Agir, prendre le risque de se tromper, en assumer les conséquences et en tirer les leçons : voilà comment on peut avancer. Expérimenter, échouer, essayer encore. Celui qui met le plus de ballons dans le panier de basket est certainement celui qui en a raté le plus. C'est l'échec qui est nécessaire et qui finit par payer. Mais si cela est tellement évident, pourquoi les gens ont-ils tellement peur d'échouer ou de se tromper ? Regardez autour de vous le nombre de mauvais joueurs (même parmi les adultes) : ce n'est qu'un jeu, pourtant ils ne supportent pas de perdre. Parce que, trop souvent, les gens confondent l'échec de leur tentative et leur échec en tant que personne. Je me suis trompé donc je suis nul. Nous vivons dans une société qui valorise les bons élèves, qui confond la note ou le diplôme avec la vraie connaissance et s'épate devant la réussite rapide et facile, sans voir combien elle est vaine.

Sentez combien on peut être heureux et fier d'avoir essayé, d'avoir participé, sans souci de réussite. Faites vos choix, faites vos expériences : vous vous tromperez, bien sûr, mais c'est votre seule chance de mieux connaître la vie et d'apprendre à vous y frayer un chemin. Vous recevez des conseils de tous bords, mais c'est à vous seuls de décider si vous les suivez ou non. Vous n'avez pas à croire sur parole. Expérimentez, voyez, et faites-vous votre propre opinion. En tant que parent, il y a des risques que je ne vous laisserai pas prendre volontiers, et des erreurs, difficilement rattrapables, que j'aimerais vous éviter. Je vous le dirai fermement. Mais je souhaite aussi respecter votre liberté de choix et d'action, sans laquelle on ne peut pas grandir, ni devenir soi.

Dans une vie qui roule bien, on pourrait dire qui ronronne, l'échec est parfois une chance. Il a valeur d'éveil. Soudain notre existence se grippe, nous obligeant à y regarder de plus près. Qu'est-ce qui n'allait pas, que je n'ai pas voulu voir ? Qu'est-ce que j'aurais dû entendre ou changer depuis longtemps ? C'est l'occasion des remises en question, des remises en chantier, toujours salutaires. Être responsable, c'est savoir que tout ne peut réussir, et devenir plus riche en creusant plus profond, à chaque échec.

### Ce que la vie nous demande

Pour prendre sa juste place dans l'existence, il est nécessaire de reconnaître qu'il existe des lois que nous devons respecter. Chacun, à la place qu'il occupe, a des tâches à assumer. En tant que mammifères, nous sommes portés à certains comportements et nombre de nos besoins dépendent de cette appartenance. En tant qu'humains, nous avons aussi des devoirs. Être responsable, c'est assumer pleinement les rôles qui sont les nôtres. Tous nous donnent des droits et des devoirs, des joies et des peines. Fils ou fille, mère ou père, lycéen, ouvrier, citoyen, ami, soignant, etc., chacun de nos multiples rôles nous engage. Au boulanger, la vie demande de faire du bon pain ; à l'apprenti, de se former pour devenir à son tour un bon professionnel ; au membre d'une famille ou d'une collectivité, la vie demande de prendre sa part des tâches et d'œuvrer pour le bien-être de chacun. Comme l'a écrit Épictète il y a presque deux mille ans : « Ton affaire, c'est de jouer correctement un personnage qui t'a été confié. »

Quels sont les différents rôles que la vie vous a pour l'instant attribués ? Être responsable, c'est assumer sa place et ce qu'elle demande, l'agréable et le désagréable. Ce que nous faisons, nous devons le faire pleinement, ou en accord ou pas du tout.

# Apprivoise tes peurs

*« S'il y a deux, il y a peur. »*

LE VEDĀNTA

*« Tu cesseras de craindre en cessant d'espérer. »*

SÉNÈQUE

La peur est une émotion qui survient très tôt dans l'enfance. Dès les premières semaines, le bébé craint les bruits violents et l'impression de tomber. Pendant le premier semestre de sa vie, il prend des repères et s'habitue à son environnement. Il distingue peu à peu le connu de l'inconnu. Il développe des relations d'attachement avec ce et ceux qui l'entourent. Mais ce processus a son revers. Vers six ou huit mois, le bébé, mis en présence d'une personne inconnue, manifeste de l'inquiétude. Séparé de sa mère, il s'angoisse, pleure et se replie sur lui-même. Les premières peurs sont là : dans la perte momentanée des repères habituels et la difficulté à affronter seul l'inconnu. Bien sûr, chaque enfant réagira à sa façon. Plus il aura développé une bonne sécurité intérieure, appuyée sur une bonne relation à ceux qu'il aime et qui prennent soin de lui, et plus il sera tenté par l'aventure de la découverte.

Puis les peurs évoluent. Quand tu étais petite, comme presque tous les enfants, tu craignais l'obscurité et je devais laisser une veilleuse dans ta chambre la nuit. Maintenant, c'est le moindre rai de lumière qu'il faut cacher pour que tu puisses dormir! Mais tu as développé une peur de parler à des inconnus que je ne te connaissais pas. À l'adolescence, revient la peur liée à la perte des repères. Ceux de l'enfance ont disparu : il faut absolument quitter la sécurité bien rassurante dans laquelle on vivait jusqu'alors. Mais s'avancer seul dans le monde, quand on a la sensation intime de ne pas savoir s'y prendre et d'être bien mal équipé pour une telle aventure, fait naître de grandes angoisses. Pour peu que l'adolescent n'ait pas pu, dans ses années d'enfance, construire une sécurité intérieure qui soit comme une colonne vertébrale suffisamment solide pour le soutenir, il risque de rencontrer bien des difficultés à prendre son envol.

## Il y a peur et peur

La peur est un processus très ancien et absolument indispensable à la survie. Face au mammouth, mieux valait fuir. La peur engendre un stress physique qui prépare le corps à faire face à des situations extrêmes : courir plus longtemps, réfléchir plus vite qu'en temps normal, etc. Avoir un peu peur avant de passer un examen, ou une compétition de natation, aide le candidat à se dépasser. D'ailleurs, il y a dans certaines peurs une dimension de plaisir. Les petits enfants adorent jouer au loup, les grands enfants aller voir des films de vampires ou de suspense. Tant qu'on sait que ce n'est pas vrai...

Les peurs qui posent problème sont celles qui paralysent. Avoir si peur que l'on ne peut passer un oral d'examen sans se rendre malade. Être figé sur place par la panique plutôt que de partir en courant. Mais ces occasions ne surviennent pas tous les jours. En revanche, ce qui est quotidien, c'est d'être bloqué par des peurs imaginaires ou envahi par une anxiété diffuse sans cause définie.

Quand tu crains, dans un restaurant, d'appeler le serveur pour demander une carafe d'eau, ta peur est imaginaire. Que crains-tu donc qu'il t'arrive ? Si tu prends la parole en public, tu crains de mal t'exprimer. Serais-tu ridicule pour autant ? Serais-tu le seul à qui cela arriverait ? Quand une personne a passé des examens médicaux dont elle attend le résultat, elle a peur. Pourtant il ne s'est encore rien passé. Il se peut que tout aille très bien. Pourquoi se laisser aller à craindre ce qui n'est pas là ? Peur imaginaire encore. Parce que l'on sait que ces choses-là arrivent, on craint pour ses enfants, on craint pour son conjoint. « Et si elle cessait de m'aimer, et si elle me quittait ? » Mais elle est là, présente, aimante. Pourquoi avoir peur ? Quand tu hurles à la vue d'une charmante petite araignée, tu sais très bien qu'elle ne peut rien te faire.

Peur de téléphoner, peur de prendre le métro, peur des piqûres, peur de s'attacher... peur de vivre. Dans le fond, nous avons tous peur des mêmes choses. Peur de souffrir, physiquement ou moralement, peur de perdre l'amour, peur de mourir. Allons-nous nous gâcher la vie par peur de la perdre ?

**« On n'en meurt pas ! »**

Rappelez-vous toujours cette phrase si simple et si souvent vérifiée : « La peur du loup est pire que le loup. » On se fait une montagne d'une chose qui se révèle n'être qu'un monticule. Après coup, on se dit : « Ce n'était que ça ! »

On ne meurt pas d'avoir une chenille sur son bras, ou d'être regardé par une salle entière. Alors, n'acceptez pas de rétrécir votre vie pour des choses sans prix. La confiance en soi peut vous aider : développez-la. La curiosité est aussi un moteur pour surmonter ses appréhensions. L'envie de connaître de nouvelles choses, de faire des expériences, permet de vaincre certaines réticences. Mais ce qui aide le plus, c'est d'apprendre à se connaître. Progressivement, vous saurez jusqu'où vous pouvez aller maintenant. Vous repérerez vos limites, ce qui est la première étape pour les dépasser. N'acceptez pas de vous arrêter à des arguments comme « Je sais que c'est idiot, mais... », « Je sais que je ne crains rien, mais... », « Je sais que c'est seulement dans ma tête, mais... ».

Vous pouvez sûrement, un pied après l'autre, aller au-delà de ce ressenti. Chaque peur s'apprivoise, comme un animal rétif. On choisit une peur simple, qui nous touche de près. On prend le temps de l'examiner, de la décortiquer. Les circonstances au cours desquelles elle se manifeste, celles où elle se calme, les raisons pour lesquelles elle nous envahit soudain. On tente d'avoir sur soi-même un regard neutre : « Que dit la vérité ? Cette chose, cette action est-elle vraiment dangereuse ? Quels sont les risques réels ? Puis-je les assumer ? » Cette peur, c'est l'enfant craintif qui parle en moi. Comment puis-je le rassurer ? Quelle action, quelle pensée va l'aider à aller de l'avant ?

On travaille sur une peur, sur un échantillon de peur. On ne vise pas un exploit, mais juste un petit pas, puis un autre petit pas. Parfois, on traverse le miroir, pour s'apercevoir que l'on est toujours vivant, intègre, et peut-être plus riche. Je me souviens que votre grand-mère vous disait : « C'est difficile à faire, mais tu seras content de l'avoir fait. » Les victoires sur soi-même sont les plus valeureuses.

Une peur très fréquente à votre âge est la peur du regard des autres, peur d'être rejetés, d'être différents. Essayez de bien regarder cette peur en face et de voir ce qu'elle recouvre. Quels sont les vrais dangers ? Nous sommes tous différents. Ne pas oser le vivre, c'est parfois s'amputer d'une part de sa vérité. Être seul semble atroce, mais faire partie du troupeau n'est satisfaisant qu'un temps. Jusqu'où êtes-vous prêts à aller par peur d'être rejetés ? Qu'êtes-vous prêts à faire pour être intégrés à la bande ? Acheter ces chaussures de marque que tu n'aimes pas vraiment mais que « toutes les filles de la classe ont » (sous-entendu : « Si je ne les ai pas, je serai différente, pas à la mode, ridicule ») ? Fumer, alors que tu essaies de faire arrêter ton père depuis des années ? Romain, lui, volait de l'argent dans les affaires de sa mère, pour l'apporter au lycée et épater ses copains par sa générosité : il pensait n'être admis dans ce groupe qu'à ce prix. C'est peut-être vrai. Mais où est la limite ? Peut-on se satisfaire de ce genre d'amitié ? Regarde ceux qui lancent les modes dans la classe, ceux qui sont à l'aise dans les groupes ; regarde ceux qui mènent, tranquilles, leur petite vie : ils n'imitent personne, ils sont eux-mêmes. Se chercher, trouver et suivre sa vérité, aller vers ce à quoi l'on croit vraiment, voilà la route où la peur disparaît.

**À quoi mène la peur ?**

Si elle n'est que rumination, elle gâche bien inutilement le présent. Les pensées comme « Et s'il avait eu un accident ? », « Dans un mois, je vais prendre l'avion toute seule, j'ai la trouille ! » ou « Pourvu que mes tests soient bons ! » ne sont d'aucune aide, au contraire. L'anxiété concernant l'avenir ne sert qu'à miner le présent. Ici et maintenant, tout va bien ? Alors réjouissons-nous de cela.

Mais si la peur débouche sur l'action, alors elle ne tourne plus en rond et devient positive. Tu as organisé une randonnée demain et tu crains les intempéries. Alors réfléchis à ce que tu peux faire dans ce cas, et développe un projet de remplacement. Tu dois faire un exposé devant toute la classe et tu te sens transi par le trac ? Alors prépare ton exposé de façon à maîtriser ton sujet le mieux possible. Entraîne-toi à le présenter devant un miroir, puis devant ta sœur. Quoi encore ? Prends une tisane calmante avant de partir, mets ton mouchoir dans ta poche, que sais-je encore ? Tout ce qui peut t'aider, fais-le. C'est être dans le présent que faire aujourd'hui ce qui peut être accompli pour nous faciliter la vie demain. Pensez à ce qui va venir, et, au lieu de trembler, préparez-le. Essayez de ne pas fuir l'événement, sauf si vraiment, pour l'instant, il est au-dessus de vos forces. On peut demander beaucoup à soi-même, mais pas l'impossible. Il n'y a que vous qui sachiez, en toute honnêteté, ce dont vous êtes réellement capables aujourd'hui. Cela, faites-le, en exigeant de vous le courage nécessaire.

Certaines peurs disparaissent avec le temps, parce qu'on gagne en confiance en soi et que l'on a moins peur des autres. La vie nous apprend où sont les vrais dangers. Mais d'autres peurs doivent être affrontées sur le moment, pour ne pas que notre vie se rétrécisse, pour une question de dignité. Que penseriez-vous de quelqu'un qui tournerait en rond une heure dans la rue par peur de demander son chemin ? Ou de quelqu'un qui garderait un pull acheté avec un accroc, par peur de le reporter au magasin ?

Chaque fois qu'une peur se présente, demandez-vous honnêtement : « Y a-t-il quelque chose que je puisse faire pour me protéger, pour me prémunir contre ce qui m'inquiète, pour apaiser cette peur ? » Si oui, faites-le. Il n'y a que l'action (certaines pensées contrôlées sont des actions) qui puisse apaiser la peur. Sinon (si la peur est du style : « J'ai peur du résultat des examens de sang que j'aurai la semaine prochaine »), essayez alors vraiment, énergiquement, de penser à autre chose.

Les images qui envahissent l'esprit ne font que renforcer l'appréhension. La peur crée des pensées, qui engendrent des peurs, et ainsi de suite. Il faut voir de près comment fonctionne ce mécanisme pervers pour ne plus s'y laisser entraîner. Dans plusieurs traditions, il est commun d'admettre que, dans une certaine mesure, nous provoquons par nos pensées ce qui nous arrive. Nos peurs, pour avoir été trop confortées, finissent par se réaliser. Alors, moins de complaisance.

Il arrive que certaines peurs soient trop fortes pour que l'on puisse, de manière simple, les dépasser ; que ce soit elles qui nous dépassent. Alors, humblement, provisoirement, on s'accepte comme on est. Et si nécessaire, on trouve de l'aide. Avec un vrai travail sur soi, on peut découvrir qu'il existe en chacun de nous une force inébranlable à laquelle nous pouvons faire appel. Au cœur de nous-mêmes, nous ne pouvons être détruits. Prendre contact avec cette part de soi, c'est comprendre que l'on appartient à la vie et que la vie nous soutient.

## Savoir prendre des risques

Le monde est vaste. Pour le connaître, vous allez devoir sortir de votre « niche écologique ». Dans toute vie, il faut, à un moment, partir de chez soi et aller voir ce qui se passe ailleurs. Chaque génération a ses aventures. Les nôtres consistaient à partir en stop, sac au dos, à créer des communautés de vie en Ardèche, à s'opposer aux militaires pour sauver le Larzac ou à enjamber les barrières sociales. Puis l'aventure fut tiers-mondiste, et tout le monde voulait s'enrôler dans une O.N.G. pour venir en aide à l'humanité souffrante. Il me semble qu'aujourd'hui les jeunes ont compris que « au coin de la rue, l'aventure »[1]. Point n'est besoin d'aller jusqu'en Afrique pour rencontrer ses habitants, leurs coutumes et leurs difficultés. Point n'est besoin d'actions spectaculaires pour changer la vie autour de soi. *Small is beautifull* est un principe qui permet aussi de grandes choses.

À vous de décider vers quel monde différent vous mèneront vos pas. La seule erreur serait de ne pas sortir du vôtre. Quelle tristesse de ne rien vouloir connaître d'autre que ce que vos parents vous ont montré ! D'endosser sans discuter leurs habitudes et leurs préjugés. Sortez de chez vous. Allez voir ailleurs. Explorez de nouveaux territoires, de nouvelles façons de vivre et de penser. Puis, ensuite seulement, décidez de ce qui vous convient et tracez votre vie à votre idée. Il sera temps, alors, de rester dans votre jardin.

Bien sûr, cela suppose de prendre des risques qu'il faut savoir évaluer correctement. Aller vers l'inconnu, oui ; mettre inutilement sa vie en jeu, non. Vigilance et pertinence sont

1. Allusion au livre d'Alain Finkielkraut et Pascal Bruckner, *Au coin de la rue, l'aventure,* Seuil, 1979.

nécessaires pour savoir jusqu'où aller et comment ne pas se laisser entraîner. Il faut que le risque en vaille la peine et savoir exactement pourquoi on le court. Aller sur son chemin personnel n'est pas suivre le troupeau. Il y a le risque d'éviter la facilité et de savoir dire non. Le risque d'essayer, en sachant qu'on ne gagne pas à tous les coups. Ce sont toutes ces occasions de vaincre l'appréhension et la réticence qui nous font avancer.

Peur de l'inconnu et peur de l'échec sont deux handicaps pour aller vers la nouveauté et la découverte. Elles nous font nous réfugier dans la sécurité et les habitudes. Pourquoi changer de lieu de vacances alors qu'on est si bien dans le même camping depuis quinze ans ? On fait confiance aux modes, sans voir combien elles limitent nos façons de nous habiller, de manger, de vivre. On croit aussi que l'accumulation de biens nous assure la sécurité extérieure, matérielle. Alors que c'est la sécurité intérieure qui est seule en cause : croire en soi, savoir que l'on s'en sortira quoi qu'il arrive, avoir confiance dans son expérience et ses propres ressources.

De la même manière, il n'y a pas que l'aventure extérieure qui mérite que l'on s'engage et que l'on prenne des risques. L'aventure intérieure est aussi un long chemin semé d'embûches et de découvertes. L'une n'exclut pas l'autre. On peut très bien se lancer dans un projet de traversée de l'Afrique, essayer d'intégrer Sciences-Po et goûter à la cuisine thaïe, tout en cherchant à se connaître soi-même, à progresser dans une relation amoureuse, à apprendre la méditation et à lire la Bible ou les écrits du dalaï-lama.

# Des paroles et des maux

*Les trois singes : « Il ne faut pas dire le mal, ni voir le mal, ni entendre le mal. »*

*« Tel qui parle étourdiment blesse comme une épée, la langue des sages guérit. »*

Proverbes (12, 18)

Comment se parler ? Comment se comprendre ? Vaste problème. Chacun n'a plus que le mot « communication » à la bouche. Tout le monde communique, les jeunes font des études de communication, on travaille dans la « com' », on surfe sur Internet, les réseaux se multiplient, le téléphone et l'e-mail remplacent la lettre. Mais pour se dire quoi ? Et comment ? Mystère. Qu'a-t-on de si essentiel à se transmettre qui ne peut souffrir une attente de plus de quelques secondes ? On l'ignore. Dans l'art d'éviter « mal-dits et mal-entendus », nous ne sommes pas plus avancés que du temps des relais de poste. Certains mots tuent toujours, quand d'autres se perdent dans les sables. Comment dire, comment se dire ?

Je voudrais juste réfléchir avec vous sur quelques points importants et vous donner certaines règles pour mieux communiquer. Toute relation à l'autre obéit à des lois. Les connaître et les respecter, c'est déjà avoir fait un grand pas. Dans cette société où tout le monde communique mais où chacun se sent seul, il n'est pas mauvais de se demander comment rencontrer l'autre.

### Les non-dits

Je vois ta tête des mauvais jours. « Cela ne va pas ? » « Mais si, ça va ! » me réponds-tu d'un ton hargneux. Il y a ce que je vois : une chose t'a contrariée, tu fais la tête. Il y a ce que tu dis : tout va bien. Il y a les non-dits, ce que je crois entendre, ou ce que je peux supposer : « Ça ne va pas, mais je n'ai pas envie d'en parler, fiche-moi la paix », ou « Ça ne va pas, mais c'est difficile à sortir, alors il va falloir que tu patientes un peu », ou « Ça ne va pas, mais je ne sais pas moi-même pourquoi, alors comment te le dirais-je ? » ou encore « M'aimes-tu autant quand je suis de mauvaise humeur et que je te rembarre lorsque tu viens à moi ? » Selon les moments, selon les signes que tu envoies et ma propre disponibilité, je vais interpréter ta réponse d'une manière ou d'une autre, et insister ou non. Vu le peu d'informations dont je dispose, je risque fort de me tromper. Alors je vais tâcher de ne pas m'offusquer de l'absurdité apparente de ta réponse et m'en sortir avec une phrase comme « D'accord. Je suis dans la cuisine si tu veux me voir ».

Chaque fois que nous communiquons, nous envoyons des mots (le dit) accompagnés de signes, sous-entendus, allusions (le non-dit). Comme dans l'exemple que je viens de donner, ils peuvent être en totale contradiction. L'autre déchiffre comme il peut, et renvoie à son tour un message à décoder. D'où une part des difficultés. Chacun voudrait être compris, mais sans faire l'effort de s'expliquer. Être compris à demi-mot, avoir tout mis dans un regard… Merveilleuse utopie, superbe casse-gueule. « Cela va sans dire » ? Non, cela va beaucoup mieux en le disant. Vous avez quelque chose sur le cœur, un reproche, une demande ? Exprimez-vous. Ne comptez pas sur l'autre pour vous deviner. Parfois il le peut, mais en général, non. Pour comprendre et deviner l'autre, il faut se brancher sur lui, être pleinement disponible, bien le connaître… Quelle exigence de transparence ! On peut attendre cela d'un professionnel, parfois de ses parents, mais peu des autres. Le plus souvent, nous ne sommes pas en contact avec l'autre, mais seulement avec l'image que nous avons de lui, et cette image fait un écran supplémentaire.

Comme tous les adolescents, ou ceux qui le sont restés, vos demandes sont floues et contradictoires, vos réactions injustes. Grandir, c'est aussi apprendre à s'exprimer d'une manière adulte, et entrer dans un échange équilibré. Dire ce qui vous habite dans un langage clair, audible. Et vous aussi, vous devez apprendre à aller vers l'autre, à l'écouter et à deviner ce que ses non-dits signifient.

### Tout n'est pas à dire

Les non-dits, c'est aussi ce qui ne peut pas s'exprimer. Tout n'est pas à dire, même au nom d'une prétendue honnêteté. Trop de mots ne servent à rien, qu'à soulager ou amuser celui qui les dit. Une fois lâchés, rien ne les retient plus. Ils peuvent être redits, blesser ou fâcher. Pour le Bouddha, la Parole juste, cela signifie s'abstenir du mensonge, de la médisance, de la calomnie, de toute parole pouvant causer l'inimitié ou la dysharmonie, de tout langage dur, impoli ou malveillant, des bavardages futiles et sots. Restent les mots amicaux et bienveillants, qui ont du sens et sont utiles[1]. Très grande exigence, qui mérite que l'on s'y arrête. Ce que je dis a-t-il du sens ? Est-ce utile ? Les conséquences en seront-elles positives ? Puis-je me demander de ne pas transmettre de ragots, d'éviter les paroles brutales qui créent de la peine ou de l'inimitié ?

Parmi les choses importantes, retenez celle-ci : que la médisance ne passe pas par vous. Cela signifie à la fois ne pas dire du mal de l'un à un autre, et ne pas redire à l'un le mal qu'un autre a dit de lui. Redire, c'est déjà dire autre chose, à partir de ce que l'on a entendu ou compris. C'est aussi dire en dehors du contexte, sans l'accompagnement des non-dits, justement. C'est donc dire faux, de toute façon. Alors, se taire. Ni entendre ni dire le mal. Simple ? Pas toujours. Il y a évidemment une forme de plaisir un peu pervers à être celui qui rapporte : « Tu ne sais pas ce qu'il a dit de toi, Cyril ? » On se sent important et au cœur des rencontres. Mais on est surtout celui par qui les désaccords se créent et s'aggravent. Trouve-t-on autant de joie à redire à l'ami concerné les choses positives entendues sur son compte ?

Ne pas tout dire, c'est aussi cacher à l'autre son intimité, parce que cela ne le regarde pas. Chacun a droit à son jardin secret. Si votre désir est de partager les vôtres, faites bien attention que l'oreille où vous allez les déposer soit assez amicale pour les recevoir, forte pour les supporter et digne pour les retenir. Parler soulage de la peine. Mais ne pas dire est aussi un droit à protéger. Je vous ai souvent dit que les questions n'étaient pas indiscrètes : seules les réponses l'étaient. « Je peux te poser une question ? » « Bien sûr, si je suis vraiment libre de ma réponse, si tu me donnes même le droit de ne pas y répondre. » Demandez ce que vous voulez : la réponse appartient à l'autre. Il peut accéder à votre demande, comme il peut refuser. « Je te remercie de ton intérêt, mais

1. *L'Enseignement du Bouddha*, Walpola Rahula, Seuil, « Points Sagesse ».

c'est une chose dont je n'ai pas envie de parler, en tout cas pour l'instant. » Protéger son intimité, c'est se donner le droit de ne pas satisfaire la curiosité de l'autre. (Inutile pour autant de l'envoyer sèchement sur les roses...)

Ne pas tout dire, c'est aussi protéger l'autre de ce qui le peinerait inutilement. Il y avait une mode, dans les couples, il y a quelques années, qui consistait à jurer de tout se dire, même si l'autre ne demandait rien. Quelle cruauté mentale ! Cela pouvait donner des choses comme « J'ai du mal à discuter avec toi parce que je suis fasciné par la très belle femme assise derrière toi et qui me sourit depuis le début du repas », ou « Il faut que je te dise que je trouve ta nouvelle coiffure très laide ». Inutile de préciser que peu de couples ont résisté à un tel traitement. Entre ne pas dire le faux et dire tout le vrai, il y a un large espace où chacun trouve les compromis nécessaires pour conjuguer l'honnêteté et la gentillesse. Dire sans blesser.

Par choix ou par retenue, on choisit souvent de ne pas dire, de ne même pas laisser deviner. Mais alors il faut accepter de n'être pas compris ou de n'être pas aidé. Assumer sa solitude.

Ne pas tout dire des choses désagréables a son pendant : ne pas oublier de dire les mots qui font plaisir. « Il te va très bien, ce jean ! » « C'est sympa de m'inviter » « Quelle bonne idée d'avoir préparé une tarte ! » Savoir faire le cadeau de sa joie : Chic ! Merci ! C'est délicieux ! C'est peu de chose en apparence, mais source de joie en profondeur. Je me souviens de cette petite lettre que j'ai trouvée sous ma porte un jour de rentrée scolaire. Elle disait : « Papa et maman, nous voulions simplement vous remercier de ces vacances fabuleuses que vous nous avez offertes cet été. Merci d'avoir satisfait nos envies et d'avoir fait de votre mieux pour nous faire passer de si belles vacances. » Nous avons été payés de nos efforts et très touchés que vous soyez capables d'écrire cela. À vous, merci.

## Aller vers l'autre

Dans la solitude, on ne communique pas beaucoup. Si vous voulez échanger, il faut aller vers les autres, et pas seulement attendre qu'ils viennent vers vous. Si, une ou deux fois, vous les avez repoussés sous un prétexte divers, ils ne viendront plus. Aller vers les autres et se laisser approcher sont à la base de toute relation. Vous voulez que l'on s'intéresse à vous ? Intéressez-vous aux autres ! Vous voulez qu'on vous téléphone, qu'on vous invite, qu'on vous offre un pot ? Commencez par le faire. Vous voulez quelque chose ? Demandez-le. C'est parce que tu as aidé Antoine plusieurs fois à réparer son scooter, que tu peux aujourd'hui, sans gêne et avec de bonnes chances de succès, lui demander de te le prêter.

Aller vers l'autre, c'est aussi savoir ne pas en rester sur un mal-dit ou un malentendu. Tu t'es fâché avec ta tante parce qu'elle n'a pas apprécié ton comportement la dernière fois que tu es allé dîner chez elle ? Écris-lui un petit mot pour t'excuser. Tu es en froid avec ton copain à cause d'une fille qui, depuis, a quitté le lycée ? Fais un geste vers lui. Demandez-vous, dans des cas comme ceux-là, ce que vous pouvez faire pour réparer. Comment renouer le contact ? Si vous avez fait une bêtise, reconnaissez-le. En cas de bouderie durable, faites le premier pas. Si l'autre ne réagit pas, au moins aurez-vous l'esprit tranquille d'avoir essayé. Parfois il s'agit de toutes petites choses. Un mot qui vous a échappé, dont vous avez bien senti qu'il a blessé l'autre. Une gaffe involontaire. Il est toujours possible de ne pas en rester là : « Je suis désolé de ce que je t'ai dit tout à l'heure, c'était maladroit. Je n'ai pas voulu te faire de peine. » Cela suffit, la paix est faite. Imaginez que chacun, à son échelle, fasse cela autour de lui...

**Laisse un bon souvenir**

« Où que tu ailles, où que tu sois, tâche de laisser une bonne image de toi. » C'est une phrase que me répétait souvent ma mère et dont j'ai pu mesurer depuis la pertinence. Ne pas rester sur un malentendu ou un désaccord, c'est aussi, ailleurs que dans le domaine affectif, s'assurer que les gens gardent de nous une bonne impression. En dehors du côté moral et de l'apaisement que l'on ressent en soi, c'est aussi un intérêt bien compris.

La vie a de drôles de méandres. Le monde est petit, les gens se connaissent, se retrouvent. Dans l'entreprise où tu as fait un stage cet été, il y a peut-être un cadre que tu retrouveras ailleurs lorsque tu chercheras du travail. Selon que tu es parti en claquant la porte ou en offrant un pot à tout le service, il ne te recevra pas de la même façon. L'enseignant qui t'a apprécié parlera de toi en bons termes et te soutiendra lorsque tu demanderas une dérogation ou un service. L'employé de la cantine à qui tu souris gentiment tous les jours ne t'embêtera pas le jour où tu auras oublié ta carte. Etc. Les gens se souviennent de la politesse qu'on leur a témoignée, des services qu'on leur a rendus, de l'attention qu'on leur a portée, de la compétence dont on a fait preuve. Un jour, on a besoin d'eux. Dix ans plus tard, parfois.

Ma mère, au cours de sa vie professionnelle, avait plusieurs fois été amenée à retravailler avec des gens qu'elle avait connus longtemps auparavant et qui, eux aussi, avaient changé de voie ou de région. Ou même simplement avec des gens qui avaient entendu parler d'elle, qui avaient connu quelqu'un qui l'avait bien connue, etc. Chaque fois, avoir laissé le souvenir d'une femme sympathique, énergique et compétente, l'avait aidée ensuite à nouer des contacts qui, d'emblée, étaient confiants. J'ai appris cette leçon. Lorsque je pars, j'essaie de le faire correctement. C'est le contraire de : « Après moi le déluge ! » À mon tour de vous le dire. Dès maintenant, souvenez-vous que le monde est petit et que l'on a tous besoin les uns des autres.

## La langue de l'autre

Si seulement les étrangers étaient les seuls à parler une langue différente de la nôtre, au moins, dans notre propre pays, pourrions-nous nous comprendre ! Mais, depuis l'épisode de la tour de Babel où Dieu punit les hommes, chaque humain parle sa propre langue. Les innombrables malentendus viennent de là, et du fait que nous croyons nous comprendre alors qu'il n'en est rien. Les mots n'ont pas le même sens pour chacun, les codes qui les accompagnent varient selon la culture, notre subjectivité nous fait entendre (puis interpréter) des mots qui n'ont pas été prononcés. Elle dit : « Déjà 8 heures ! », il entend : « Il faut que je parte » ou « Je m'ennuie avec toi ».

Il dit : « C'est un peu salé », elle entend : « Tu ne sais vraiment pas cuisiner », et se vexe. Elle dit : « Je t'aime », il entend : « Tu m'appartiens », et se sent aussitôt étouffé.

L'autre est différent, étranger, et parle une autre langue que la mienne. Le sens des mots que nous prononçons n'est pas celui du dictionnaire, mais celui de notre histoire, de nos craintes ou de nos attentes. On croit être clair, mais le message ne passe pas. Comment, dans ce cas, parvenir à communiquer ? Je vois deux façons, complémentaires. La première est de se sentir responsable de ce que l'on dit et d'essayer d'être clair. La seconde est d'apprendre à parler la langue de l'autre.

Être clair, c'est déjà tenter de dire vraiment et simplement ce que l'on pense, sans chercher à tromper ou à manipuler. Parler pour soi, en employant le « je » de préférence, plutôt que de parler pour l'autre en employant le « tu ». « Je suis lasse de toujours faire tes devoirs d'anglais », vaut mieux que « Tu es nulle, tu ne comprends jamais rien ». Ou bien : « Je m'inquiète beaucoup quand tu arrives en retard », plutôt que : « Tu es vraiment incapable de regarder ta montre ! » Parler ainsi de soi revient à considérer l'autre comme un adulte, responsable également, et à même de se situer à son tour. Vous avez une question à poser ? Posez-la. Un service à demander ? Demandez-le. L'autre est assez grand pour savoir s'il doit répondre ou non, accepter ou refuser. De votre côté, sachez vous situer face aux demandes qui vous sont faites. Dites oui, quand vous êtes d'accord et que vous acceptez pleinement (ou lorsque, pour différentes raisons, vous estimez qu'il vous faut accepter). Dites non, et soyez prêts à en assumer les conséquences, lorsque vous pensez que c'est là que vous êtes vous-mêmes et justes. Oser recevoir un compliment avec un sourire, et oser refuser ce qui semble une injustice, cela s'apprend. Te rappelles-tu ce lendemain de rentrée scolaire où tu avais malheureusement égaré une feuille que ce professeur de physique avait distribuée la veille ? Elle t'a lancé vertement : « Vous êtes vraiment nulle. Comment peut-on perdre une feuille de papier ? » Admirable pédagogie ! Elle a mal pris ta réponse au premier degré (sa question n'était sans doute pas à prendre au pied de la lettre...) : «Je connais beaucoup de façons, la jeter par inadvertance, l'oublier sur un coin de table, etc., mais j'ignore laquelle j'ai employée hier. »

Apprendre à parler la langue de l'autre est une exigence qui module un peu ce que je viens d'écrire. C'est pourtant indispensable si vous voulez obtenir ce que vous souhaitez. À un niveau simple, cela signifie, par exemple, que l'on ne s'adresse pas de la même façon à un professeur et à un copain. On module son langage selon l'interlocuteur. Vous le faites spontanément, bien sûr, mais insuffisamment. L'important n'est pas le message émis, mais ce qui est reçu. Si je ne fais pas l'effort d'être comprise, autant me taire, car c'est là que commencent nombre de malentendus. Alors essayez de donner à l'autre ce qu'il attend (le mot de remerciement, la formule de politesse, l'explication nécessaire...), même s'il vous en coûte.

Il y a ce que l'on dit et il y a la façon de le dire. Si le fond du message est essentiel, la forme ne l'est pas moins. Vous voulez vous faire comprendre, ou bien vous voulez obtenir quelque chose de quelqu'un : adressez-vous à lui dans une langue qu'il peut comprendre, d'une manière qu'il peut accepter. Une conférence passionnante, faite à des débutants dans un langage trop technique, est ratée. Certains professeurs sont comme cela, incapables de se mettre au niveau de leur public. On les dit trop forts : ce ne sont simplement pas des enseignants. Un Anglais te demande sa route et tu lui réponds en espagnol : c'est comme si tu ne lui avais rien dit. Parle à ton grand-père en verlan, et tu ne risques pas de recevoir le disque dont tu rêves pour Noël. Vous avez tendance à voir de l'hypocrisie dans le fait de donner à l'autre ce qu'il attend, ce qu'il peut recevoir, et non ce que, vous, vous avez envie de lui envoyer. Oublier la façon dont on s'exprimerait spontanément pour s'exprimer en fonction de celui à qui on s'adresse est au contraire une marque d'hommage et de respect.

Lorsque tu avais une dizaine d'années, je te reprenais souvent en te demandant de dire au revoir, s'il te plaît ou merci. Tu me disais : « Je l'ai dit, mais tu n'as pas entendu. » Te souviens-tu de ce que je te répondais alors ? « Tu ne parles pas pour toi mais pour l'autre. Si tu dis merci, c'est pour être entendue, alors dis-le suffisamment fort, ou ne le dis pas du tout. » Tu étais contente de toi en pensant que tu l'avais dit, en le murmurant, mais tu n'avais pas communiqué, et l'autre n'avait rien reçu : ton remerciement n'avait servi à rien. C'était ta façon, à ce moment-là, d'obéir aux consignes de politesse tout en t'y opposant. De même que l'on n'offre pas un présent qui nous plaît à nous-mêmes, mais à celui auquel il est destiné, de même on ne parle pas pour soi, mais pour être compris et reçu de celui à qui l'on s'adresse.

Attention, enfin, aux mots. Ceux que vous prononcez et ceux que vous entendez. Protégez-vous des mots durs qui vous sont adressés. Certains mots blessent, certains mots tuent. La langue est un poignard. Il arrive que l'on se suicide pour quatre mots jetés : « Je ne t'aime plus. » Ou que l'on renonce à son avenir parce qu'un enseignant a dit : « Cet enfant ne réussira jamais. » Tant de mots sont dits sans avoir été mesurés, sous l'effet d'une émotion, dans l'inconscience de ce qu'ils peuvent entraîner. Si j'entends « Anne est une imbécile », je peux souffrir dans mon orgueil. Je serai d'autant plus vexée ou blessée que j'accorde de l'importance à la personne qui a parlé. Ou bien si une part de moi est d'accord avec ce qui a été dit. (Si c'était une phrase absurde comme « Anne est rousse », je ne serais ni touchée ni concernée.) Mais je peux aussi considérer que cette opinion n'engage que celui qui la prononce. Comme chacun, il ne connaît qu'une facette de moi, dans laquelle je ne suis pas obligée de me retrouver. Je suis la même que cinq minutes plus tôt : pourquoi me sentirais-je soudain plus bête, plus rancunière ou plus en colère ? L'Anne qu'il juge n'est pas moi, seulement l'idée qu'à cet instant il se fait de moi, en fonction de ce qu'il a vu ou cru comprendre, en fonction de sa problématique personnelle, etc. Je peux aussi me dire que ces mots, « Anne est une imbécile », comme tous les autres mots, ne sont qu'un souffle d'air traversant des cordes vocales. Dans une autre langue, cela aurait ressemblé à un morceau de musique et cela ne m'aurait pas atteinte. Vais-je accepter de souffrir pour un simple souffle d'air ?

### S'ouvrir

L'autre est un autre, radicalement différent, même s'il fait partie de mes « proches ». Il gardera toujours pour moi une part d'inconnu et de mystère. Jamais je ne connaîtrai vraiment

Thibault ou Johanna. Je connaîtrai mon Thibault, ma Johanna, ceux qu'ils sont à mes yeux, ceux qu'ils sont avec moi. Tout en sachant qu'ils peuvent être différents ailleurs, avec d'autres, en eux-mêmes. Sauf circonstances exceptionnelles, je ne verrai jamais qu'une facette d'eux, le reste m'échappera toujours. Comprendre, cela incite à prêter davantage attention à ceux qui nous entourent. En changeant de regard, on peut s'efforcer d'aller au-delà des apparences. S'arrêter à la peau ne suffit pas : il faut prendre le risque de plonger pour rencontrer l'autre dans sa profondeur et sa complexité. Le regarder dans les yeux et faire silence en soi pour tenter de le comprendre.

Le prêtre autrefois, le médecin et le psychologue aujourd'hui ne font pas autre chose. Ils ont appris à faire taire leur « moi » pour mieux écouter. Ce pourrait être aussi le rôle des amis. Mais certains sont si pleins d'eux-mêmes, de leurs soucis, de leurs projets, qu'ils ne voient qu'eux partout. Quand tu commences à leur dire « J'ai un problème... », ils te répondent : « Oh, justement, moi aussi, il faut que je te raconte, figure-toi que... », te renvoyant à ta solitude.

Plus ma présence se fait discrète, moins je suis envahie par mes pensées et mes opinions, plus j'ai une chance de laisser à l'autre une place suffisante pour s'exprimer et être lui-même. Faire silence et écouter, afin peut-être d'entendre autre chose.

Malgré tout, notre ouverture à la vérité de l'autre est très limitée. Personne jamais ne comprend personne totalement. Cela rend modeste et explique pourquoi il est si difficile de communiquer.

## Des mots et des lettres

Téléphone, e-mail, messageries... nos mots suivent désormais les ondes, les fils ou les fibres. Écrire une lettre ? Pourquoi donc quand un coup de fil permet d'avoir instantanément la réponse et coûte moins cher ? Quand un message sur l'ordinateur arrive dans l'instant même ? Quand de toute façon on n'a jamais le temps ? Parce qu'une lettre n'a rien de commun avec tout cela : il s'agit d'autre chose. Un morceau de soi, de son écriture, de son temps, de son histoire, totalement irremplaçable. Une feuille que l'on a choisie blanche ou décorée.

Une plume qui glisse bien. Des mots que l'on soupèse parce qu'ils seront relus. Une lettre qui donne des nouvelles des uns et des autres, qui parle du pays, et que l'on peut garder longtemps au fond de son sac. Une lettre qui dit les sentiments et que l'on retrouvera, un jour, nouée d'un fin ruban, porteuse de nostalgie. Une lettre pour s'excuser, pour remercier, pour dire l'amitié.

Vous-mêmes adorez recevoir des lettres, des « vraies », c'est-à-dire manuscrites ou dactylographiées, mais personnelles et adressées à vous seuls. Là encore, faites le premier pas. Écrivez, on vous répondra. Pas toujours, mais souvent. Écrivez à des gens qui ont de bonnes chances de prendre aussi leur plume : ton parrain, cette copine que tu t'es faite au ski, ta cousine. Répondez à une demande de correspondance dans la rubrique de votre journal. Commencez et vous recevrez du courrier. Tiens, c'est bientôt les fêtes. Pourquoi n'en profitez-vous pas pour envoyer un petit mot d'amitié à tous ceux que vous aimez ?

Pour vous en convaincre, lisez ce bel hommage d'André Comte-Sponville aux lettres de tous les jours, qui disent la vie comme elle est en vérité[1].

« Le style n'est pas ce qui importe. Une lettre vaut d'abord par son intimité, par sa douceur, par ce qu'elle contient d'amour et de secret. Il suffit d'être vrai. Il suffit d'écrire au plus près de la vie telle qu'elle est, telle qu'elle passe et demeure, notre pauvre petite vie de mortels, comme en attente d'on ne sait quoi, ou on ne le sait que trop, comme en attente d'elle-même, comme privée de soi, et vivante pourtant, si vivante, si fragile, si déchirante de faiblesse et de banalité, si démunie, si désarmée, si humblement unique et comme un miracle toujours raté, toujours recommencé, notre pauvre petite vie de terriens, quelque part dans le temps, quelque part dans l'univers, notre pauvre petite vie de vivants, entre naître et mourir, entre rien et rien, entre tout et tout, notre pauvre petite vie d'humains exposée toujours à l'amour et à la souffrance, à la solitude et à la rencontre, et cela fait si peu de choses que cela tient dans une enveloppe. »

1. André Comte-Sponville, *Impromptus*, PUF, 1996.

## Quant au silence...

Après avoir tant parlé des mots et des échanges, un peu de silence nous apaisera. N'ayons pas peur de ce mot, ni de ce qu'il recouvre. Ne nous sentons pas, chaque fois qu'il survient, obligés de le meubler en bavardant, ou de le tuer en allumant une radio au hasard. Les mots ne sont rien que l'habillage des choses et des idées. Le silence, c'est tout ce qui fait la réalité et qui n'a pas besoin de commentaires. Le silence est toujours présent, en nous et hors de nous : il suffit de supprimer les bruits qui le recouvrent pour le retrouver intact. La paix à portée de souffle. Mais nous sommes dans un monde de plus en plus bruyant où le vrai silence est si rare qu'il fait siffler nos oreilles et que les gens le fuient. C'est une richesse disponible pour tous, que l'on ne sait plus apprécier.

Le silence angoisse ou rend nerveux certains, parce qu'ils s'y retrouvent face à eux-mêmes. Se taire, c'est bien autre chose que n'avoir rien à dire. Toute créativité, toute réflexion, toute écoute véritable de soi ou de l'autre ne peut que s'enraciner dans un vrai silence. Lieu de notre réflexion où l'on peut lire, apprendre, comprendre, écouter. Lieu de notre conscience où l'on vient se ressourcer. Comme l'écrit J.-M. G. Le Clézio : « Le silence est l'aboutissement suprême du langage et de la conscience. Tout ce que l'on dit ou écrit, tout ce que l'on sait, c'est pour cela, pour cela vraiment : le silence. »

Silence recueilli de la prière, silence des amoureux qui se regardent dans les yeux, silence de la famille rassemblée autour de la cheminée, silence d'entre les notes de certaines musiques, silence de l'enfant assoupi ou du vieux qui pèse ses mots, silence de la méditation... On touche là à ce qui est le plus précieux, à l'envers du décor et du faste, au point de rencontre de la solitude et de l'amour.

# Rien n'est gratuit

*« Aucun mortel ne traverse intact sa vie sans payer. »*

ESCHYLE

*« Judas ! lui cria-t-il, tu sais ce*
*[qu'on m'estime,*
*Hâte-toi de me vendre et finis ce*
*[marché... »*

Gérard de NERVAL

C'est ainsi que je vous aime : pleins de désirs, de projets et d'envies. Vous parlez de demain, vous rêvez d'avenir : le monde ne vous fait pas peur. Vous voudriez tout, tout de suite. Attendre est un verbe que vous détestez (quoique vous fassiez volontiers attendre les autres lorsque vous ne voulez pas lâcher ce qui vous passionne). « Quand tu seras adulte » ou « l'année prochaine » vous semblent une éternité. Même « aux prochaines vacances », ou « dimanche prochain », tout est toujours trop loin quand vous avez envie de quelque chose. Je dis : « Vous aurez le gâteau ce soir, pas maintenant », et vous voilà impatients, soudain affamés, trouvant injuste la vie qui ne vous comble pas instantanément.

Au bébé qui crie de faim, on donne immédiatement le sein ou le biberon. S'il pleure, il est aussitôt pris dans les bras. Il a froid ? On le couvre. Toute maman est à l'écoute des besoins de son bébé et tente rapidement de les satisfaire. Elle donne tout ce qu'elle a, amour, temps, énergie, tendresse ; il ne fait que recevoir. Mais, au fil des mois et des années, le bébé va découvrir la frustration : « Maman n'est pas disponible », « C'est l'heure de dormir ». Il apprendra à attendre son tour ou à attendre l'heure. Il faut voir, en crèche, les bébés hurler lorsqu'ils doivent déjeuner après trois autres petits copains. Ils ne crient pas seulement de faim. Ils disent : « Et moi ! Moi d'abord ! Tout de suite ! »

En grandissant, l'enfant comprend vite qu'il ne peut tout avoir. Il se sent petit et impuissant. Il sait que, pour obtenir, il faut échanger, donner quelque chose de soi, ne serait-ce qu'un « s'il te plaît ». Rien de cela ne se fait sans souffrance. Cela s'appelle grandir.

Continuer à combler ses enfants en entretenant chez eux l'illusion qu'ils peuvent avoir « tout, tout de suite » est assez facile et rassurant pour les parents. Les enfants sont satisfaits (pas forcément heureux), les parents se sentent bons. Aimants et aimés. Mais cela ne peut durer, car cette loi n'est pas celle de la vie. Laisser croire aux enfants que tous leurs désirs peuvent être satisfaits dans l'immédiat et sans effort de leur part n'est pas un cadeau à leur faire. Face à l'existence, ils seront perdus.

« Maman, je voudrais une autre écharpe. » « Maman, est-ce que je peux partir en Angleterre avec la classe ? » « Tu sais, plus tard, je veux être comédienne. » Mille demandes, cent projets. Vous voulez cela ? D'accord. Quelle est la force de votre désir ? Qu'est-ce que vous êtes prêts à payer pour cela ? Que mettez-vous sur la table ? Que l'on puisse parler ainsi à des enfants choque certains. Et pourtant...

Souvent, lorsque vous me faites part d'un désir, je commence par vous demander de lui donner une note. « Tu as envie très fort d'avoir ta troisième étoile de ski (ou cette nouvelle robe, ou toute autre envie) ? Si tu devais lui mettre une note sur dix, ce serait combien ? » Honnêtement, vous notez. Vous découvrez certaines fois que, finalement, vous n'y teniez pas tellement. Je découvre d'autres fois que votre demande est bien plus importante que je ne l'imaginais. Cet essai maladroit de quantifier les envies est important, parce que vous ne pourrez pas conduire tous ces désirs à leur terme. Seuls les plus forts vous mèneront sur la voie de leurs réalisations.

### Le prix des rêves

« L'argent ne fait pas le bonheur, mais je ne le sais que depuis que je suis riche. » C'est Dalida qui a dit cela, elle qui fut à la fois riche et malheureuse. Tout doit être payé, d'une façon ou d'une autre. Plus on grandit et plus cela devient vrai. Ne vous hâtez pas de comprendre qu'il suffit donc d'être riche pour pouvoir « tout se payer ». Je ne nie pas qu'avoir de l'argent simplifie l'existence et permet de satisfaire un certain nombre de désirs matériels. Mais je vous souhaite d'en avoir assez pour comprendre un jour que cela aussi est illusoire. Ce que donne l'argent est toujours limité : c'est trop peu pour ceux qui ont soif d'absolu.

Tout se paie, même à votre niveau, mais pas forcément en argent. Ce serait bien sûr le cas le plus simple : vous voulez une glace, vous l'achetez avec votre argent de poche. Que pour acheter il faille payer, cela vous le comprenez bien. Mais le plus souvent, c'est autrement qu'il faudra « payer » votre désir. En énergie, en temps, en renoncements, en effort, en conviction, que sais-je ?

Rien n'est gratuit. Quelques exemples vous le feront mieux comprendre. Tu veux un cochon d'Inde pour ton anniversaire, « un petit animal qui ne serait qu'à toi ». Je suis d'accord pour te l'offrir. Mais il faut que tu mesures bien la force de ton désir. Car ce cochon d'Inde, il va falloir s'en occuper. Par moments, c'est drôle, c'est tendre. Mais il n'y a pas que les bons côtés. Il va falloir aussi le nourrir régulièrement (donc s'assurer qu'il y a toujours des carottes, du foin, etc.), trouver une solution lorsque tu partiras en vacances, nettoyer la cage pour qu'elle soit toujours propre, accepter que cet animal puisse un jour tomber malade, puis mourir. As-tu pensé à tout cela ? Cette responsabilité, ce sera ta façon à toi de payer. Si tu en es bien d'accord, tu auras ton cochon d'Inde.

Tout est ainsi, même les désirs les plus simples. La petite Hélène veut cette poupée-là pour Noël : elle prendra la place d'une autre poupée ou d'un autre jouet qu'elle aurait pu avoir. Claire voudrait bien être reçue à son examen d'anglais : le prix, ce sera les heures qu'elle passera à réviser.

Tout désir est un choix. Tout choix est un renoncement. Tout renoncement est un prix que l'on paie.

Croire le contraire – que l'on peut obtenir gratuitement –, c'est laisser penser qu'il existe des choses bonnes à cent pour cent et d'autres totalement mauvaises. Que l'on peut avoir le « bon » de tout (d'autres diraient « le beurre de toutes les tartines »), et laisser le mauvais. C'est faux. Chaque médaille a son revers. Pour tenter d'obtenir ce que l'on veut, de mettre en place ce à quoi l'on croit, il faut donner de sa personne.

Ne croyez pas qu'en tant qu'adulte il me soit facile d'appliquer cela chaque jour. Dans ma vie, ce que je n'ai pas assez ou pas totalement voulu, je ne l'ai pas eu. Moi aussi j'ai dû payer. Pour l'apprendre.

**Ne ramez pas vers le mur**

Obtenir ce que vous souhaitez ? Bien sûr, c'est possible. Cela nécessite :

— Que vous ayez bien défini ce que vous voulez. Plus l'objectif sera clair et précis, mieux vous saurez comment y parvenir. Non pas « Je ferais bien une virée avec mes copains », mais « Le week-end de Pentecôte, j'aimerais bien aller avec Marc et Stéphane visiter Bruxelles ».

— Que vous l'ayez classé comme une priorité numéro un. Mettez dans cette catégorie les désirs ayant obtenu plus de huit sur dix. Une priorité, cela signifie que l'on est prêt à laisser (provisoirement) de côté d'autres projets moins importants. Voyez bien ce à quoi votre projet vous fait renoncer. Toujours d'accord ?

— Que vous avanciez effectivement dans la bonne direction. Vous avez votre objectif face à vous, comme une porte ouverte, alors ne ramez pas en direction du mur ! C'est ce que fait ta cousine quand elle dit qu'elle veut être ingénieur, mais qu'elle ne travaille pas en maths. Ou lorsque tu m'avoues que tu aimes beaucoup que ta chambre soit en ordre, mais pas au point de ranger tes affaires...

Beaucoup de gens portent des désirs qu'ils renoncent à essayer de satisfaire. Ils partent du principe qu'ils n'y arriveront jamais, alors inutile de se fatiguer. Ils sont retenus par la peur de l'échec ou par le manque de courage.

Dites-vous au contraire que vous pouvez tout essayer. Si vous le voulez vraiment, c'est-à-dire si vous vous donnez les moyens d'y arriver, vous réussirez. Pas toujours, bien sûr, car tout ne dépend pas de vous, mais souvent.

Certains désirs sont dans le long terme. Alors, de temps à autre, faites un point sur l'horizon : marchez-vous toujours en direction de l'étoile qui vous guide ? Ce que vous faites, ce que vous préparez, cela correspond-il à ce que vous voulez vraiment ? Votre objectif est-il toujours en vue ?

**Attendez une seconde !**

Non seulement le petit enfant veut tout (la sucette, la voiture de pompiers, les bras...), mais il le veut tout de suite.

Attendre « une minute » lui semble impossible. Alors qu'il a cent ans de vie devant lui, il ne peut différer son désir d'un instant. C'est une banalité de dire que plus on vieillit et plus le temps passe vite. C'est pourtant avec l'âge que l'on apprend la patience. Interrogez votre grand-mère sur ce paradoxe. Elle vous confirmera que les choses viennent à leur heure, pas avant. Nous ne sommes pas maîtres des horloges du destin. Si l'on force un bouton de rose à s'ouvrir, il se fane ; si l'on attend une journée, la fleur s'épanouit et elle est splendide.

Pour vous, ce ne sont que des mots. Je vous entends dire d'une voix suppliante, quand je vous demande de différer un projet : « Oh, pourquoi pas maintenant, pourquoi pas ce soir ? » Parce qu'il y a un temps pour tout. Parce que certaines choses demandent du temps, de la préparation. Certains projets doivent mûrir. Parce que l'attente fait souvent partie du plaisir lui-même. Parce que savoir perdre un peu de temps ici, c'est souvent en gagner beaucoup là-bas.

L'attente, aussi, fait partie du prix à payer.

Mais comment vous faire entendre cela, vous dont j'aime l'impatience et la soif de vivre, vous que j'entends soupirer parfois : « Vivement que je sois majeure pour pouvoir faire ce que je veux... »

## L'indispensable effort

« Tu pourrais au moins faire un effort pour... être aimable, faire les courses, écrire à ta grand-mère, apprendre tes leçons d'histoire, etc. » C'est un refrain que les jeunes entendent souvent. À cet âge, le prix à payer se mesure le plus souvent en efforts. Mais le goût de l'effort n'est pas le propre des adolescents, et ils n'en sont pas les seuls responsables.

L'éducation aujourd'hui est ainsi. Par peur de l'attrister ou de s'attirer sa rancune, on ne refuse rien à l'enfant. Comme lorsqu'il était bébé, on satisfait ses besoins, ce qui est normal, mais aussi ses désirs, à peine émis, avant même parfois qu'il les ait exprimés. Dans cette société de consommation immédiate, l'homme est prié de succomber : on mange dès qu'on a faim, on profite des promotions, on va au plus rapide. Même le manque d'argent n'est pas une raison suffisante pour différer un achat : le crédit y pourvoit. On fait croire au consommateur que tout est gratuit : le crédit pour le téléviseur, la quatrième boîte de raviolis, ou l'autoradio en option. L'État joue pour les adultes le rôle que tenaient autrefois leurs parents : il doit assister, subvenir, prendre en charge, pourvoir. On attend de lui qu'il prévoie, qu'il supplée, qu'il guérisse. Gratuitement.

Comme il faut bien, toujours, que quelqu'un paie, les choses se grippent. Surendettements et déficits touchent les finances publiques comme les budgets privés. Déceptions et frustrations sont le lot commun. Chacun, à ses dépens et bien tard, apprend que ce n'est pas si simple.

Souvenez-vous comme je vous incite, pour mon anniversaire, à fabriquer quelque chose plutôt qu'à l'acheter. Vous comprenez mal comment je peux préférer un bracelet confectionné avec des fils à broder à un autre que vous auriez acheté en vidant votre tirelire. C'est tout simple : la créativité, l'effort et le temps que vous avez consacrés à faire ce bracelet valent plus pour moi que ce que l'argent peut offrir. Pour vous, il n'a aucune valeur marchande, donc il est indigne de moi. À mes yeux, il est tissé d'amour.

C'est vrai souvent : ce qui nous a donné du mal, que l'on a payé d'idées et d'efforts, nous est le plus précieux. Faire soi-même, réussir quelque chose. Rappelez-vous le goût inimitable qu'avaient le persil et les tomates cerises que vous aviez fait pousser sur la terrasse. Quelle joie ce fut de les manger !

« C'est moi qui l'ai fait tout seul ! » dit le petit enfant, la voix vibrante de fierté, en tendant son petit paquet le jour de la fête des Mères. « C'est ce que l'on paie pour elles qui fait le prix des choses. » C'est d'autant plus vrai qu'il s'agit d'une autre monnaie que l'argent.

Votre vie ne sera pas facile : aucune vie ne l'est. Vous devrez savoir faire face et la mener à bien, peut-être durement. Parfois ce seront des efforts très grands qui vous seront demandés pour réaliser un projet, vous sortir d'une difficulté. J'aimerais que vous sachiez vous prendre en charge. Faire des efforts et réaliser le plus de choses possible par vous-mêmes, plutôt que de compter trop fort sur les autres. La vie est comme une course de fond : on ne court pas le marathon de Paris, avec quelque chance d'arriver au bout sur ses deux pieds, sans un bon entraînement préalable. Ce serait triste de renoncer à vos ambitions par manque de préparation, incapables de tenir la distance. Mais il y aurait encore plus triste : que vous ne souhaitiez rien qui mérite un effort…

**Il faut miser…**

J'ai gardé le plus dur pour la fin. Non seulement rien n'est gratuit, mais bien souvent il faut payer d'abord, et dans l'incertitude du résultat.

Payer d'abord, c'est la nécessité de faire confiance. Donnez, et vous recevrez. À votre âge, on ne peut plus se contenter de demander et d'attendre. Les lois de la vie s'appliquent à vous aussi. Cette idée de payer d'abord vous choque ? Réfléchissez. Comme chacun, vous voulez être reconnus et aimés. Si vous n'offrez que de l'agressivité et de la morosité, ce sera difficile. En revanche, si vous offrez un sourire, tout s'ouvre devant vous.

Je pense aux réactions que suscite Éléonore chaque fois qu'elle s'adresse gentiment à une caissière, un serveur ou une vendeuse. Elle l'appelle par son prénom marqué sur son badge. « Merci, Simon », dit-elle en prenant son sachet de frites ; « Au revoir, Mireille », en quittant la caisse du supermarché. Alors ils lèvent la tête, et, se sentant vus et reconnus, ils la regardent en souriant et la saluent à leur tour. En les traitant en êtres humains et non pas en machines, elle leur a donné : ils lui rendent. Et chacun est un peu plus joyeux.

Le contrôle des connaissances scolaires est l'exemple le plus simple de ce qu'il faut payer d'abord, en temps de révision, pour recevoir ensuite, peut-être, une bonne note. Mais je voudrais vous citer un dernier cas, plus subtil et peut-être plus exigeant. Pour se réconcilier, il faut que l'un fasse le premier pas. Ce prix vous semble parfois très lourd : vous préféreriez vous enfermer dans la bouderie et la rancune, jusqu'à l'usure. Cela vous semble apparemment une attitude plus adulte et une position plus forte. M'entendrez-vous si je vous dis que c'est le contraire ? Bouder est facile, mais je ne connais pas de boudeur heureux. Revenir, faire le premier pas, tenter la réconciliation, c'est certainement plus dur. Mais c'est cela qui fait revenir la joie, la paix du cœur et les moments de partage. Croyez-moi, j'en parle d'autant plus facilement que je me rappelle avoir été une enfant plutôt boudeuse et obstinée...

Je m'amusais, il y a quelques années, à t'entendre dire : « Je cause plus à Marine » (ou Caroline, ou Sabine...) en rentrant de l'école, mais je me réjouissais davantage lorsque tu m'annonçais : « Tu sais, je recause à Sarah » (ou Alexandra, ou Aïcha...).

Le premier pas, c'est le contraire du dernier mot, auquel vous tenez tant.

Payer d'abord, c'est aussi, comme au poker, « payer pour voir ». Bien sûr, il y a un risque, mais si vous vous « couchez » pour économiser vos forces ou vos pions, vous ne gagnerez jamais. Même en y mettant le prix, vous n'êtes jamais sûrs de recevoir. C'est seulement votre meilleure chance d'y parvenir. Vous faites votre part, ce que vous pouvez faire pour obtenir. Le reste ne vous appartient pas. C'est la vie qui décide. Même si vous avez bien préparé votre contrôle, vous pouvez, le moment venu, vous sentir fatigués ou stressés, et perdre vos moyens. Au moins aurez-vous appris et mémorisé la géographie économique de la Chine ou l'état de la France sous Napoléon, ce qui me paraîtra toujours plus utile qu'avoir une bonne note.

Imaginez autre chose : vous projetez un pique-nique avec des amis. L'organisation et la préparation vous appartiennent, le temps qu'il fera vous échappe totalement. S'il pleut, votre pique-nique sera fichu et il faudra inventer autre chose, mais vous n'aurez rien à regretter. Vous rappelez-vous ce week-end de Pentecôte en Bourgogne que nous attendions tous avec impatience et que nous avions préparé avec soin ? Il s'est terminé dans un garage, à trente kilomètres de la maison. L'embrayage de la voiture avait lâché.

Vous voyez, même en y mettant le prix, il y a dans tout projet un petit côté « loterie ». On a acheté son billet, mais on ignore s'il nous procurera la récompense attendue. On n'est jamais sûr d'avoir, jamais assuré du résultat. Mais, au moins, on a la satisfaction d'avoir essayé. Aucun regret : on a bien joué.

Vous avez le devoir, en tant qu'êtres vivants, de tenter et d'agir, d'y mettre vos forces. Vous n'êtes pas tenus de réussir. Comme il est écrit dans la *Bhagavad-gita* : « Vous avez droit à l'action, mais pas à ses fruits. N'accomplissez pas l'action pour le fruit qu'elle procure. »

Oubliez un instant la frustration que vous pouvez ressentir en entendant ces mots : « Mais alors, c'est pas juste, quand on s'est donné tout ce mal ! » Le « juste » de la vie, je crois que nous ne sommes pas à même d'en décider. Ressentez plutôt ce que ces mots peuvent avoir de libérateur. Pourquoi vous en vouloir d'avoir échoué, si vous avez bien joué votre partie ? L'impondérable nous échappe et nous libère des regrets comme de la culpabilité. Vous pouvez avoir la conscience en paix.

# « C'est pas grave ! »

*« Le pessimisme est d'humeur et l'optimisme de volonté. »*

ALAIN

*« Le bonheur et le malheur ne viennent que de nous-mêmes. »*

MENG-TZU

En écrivant ces lignes, j'ai au cœur le souvenir de Chantal. Quand je l'ai rencontrée dans le travail, elle avait environ quarante-cinq ans. Embauchée à temps plein sur un poste à responsabilité humaine importante, elle élevait également avec beaucoup d'attention ses cinq enfants. Il lui restait encore du temps disponible pour son mari, d'abord, puis pour aider tous ceux qui faisaient appel à elle : un coup de main, une écoute accueillante. Cette année-là, elle se débattait en outre contre une maladie grave dont elle n'avait pas informé son entourage « afin qu'ils ne s'inquiètent pas pour elle ». Au cours de notre conversation, elle m'a rapporté que ses enfants l'avaient surnommée « Madame C'est-pas-grave ». Devant tous les problèmes, petits et gros, de l'existence, c'était sa devise. Elle partageait avec Montesquieu cette idée simple : « La gravité est le bonheur des imbéciles. » Non qu'elle en sous-estimât l'importance. Mais c'était une philosophie de la vie qui la tenait debout, rayonnante, efficace et joyeuse. Nous nous sommes perdues de vue, mais ni Chantal ni sa devise n'ont quitté ma mémoire, rendant le poids des ennuis un peu moins lourd.

### Un monde d'angoisse : et après ?

Pas question de nier les difficultés à vivre. Déprimes, moments d'errance, envies de tout plaquer, nous en avons tous eu notre compte. Et alors ? Impossible d'en rester là. Il existe une façon différente, une façon aimante d'aborder la vie. Aucun de ces mots ne vous épargnera de traverser le doute, le découragement et le dégoût de soi : peut-être est-ce bien ainsi, s'il s'agit d'un détour obligé pour devenir pleinement adulte. Mais s'ils pouvaient vous permettre de sentir qu'au fond de vous, quoi qu'il arrive, une flamme n'est pas éteinte, qui ne demande qu'à éclairer la route et vous réchauffer le cœur, ils auront atteint leur objectif.

> *« Iris,*
> *Vous me désespérez*
> *Mais je vivrai*
> *Comme vivent les hommes*
> *Qui essaient eux aussi*
> *De fleurir. »*
>
> *Eugène GUILLEVIC*

Vivons pleinement plutôt que de nous plaindre. Jouissons de ce que nous avons, plutôt que nous languir de ce qui nous manque. Pouvons-nous admettre de n'être jamais comblés ? De ne l'être jamais plus ? La plupart d'entre nous l'ont été, sans doute, par le corps d'une mère aimante, à l'aube de leur vie. Pouvons-nous nous remettre de cette nostalgie ? Cesser de nous comporter, Freud le notait, comme des bébés cherchant le sein ? Vous, mes enfants, que j'ai tant aimé allaiter, avez-vous absorbé assez d'amour pour survivre dans ce monde ? Ou bien vous sentirez-vous toujours en manque de quelque chose ?

Il ne nous manque rien : tout est là. L'effort, c'est de supprimer.

Supprimer d'abord la culpabilité. S'en vouloir maintenant d'une chose passée n'a aucun sens et n'arrange en rien le présent. Il faut se pardonner, puis se demander ce qu'il est possible de faire pour réparer et que cela ne se reproduise pas. Il est très difficile de résister à la culpabilisation ambiante : à tout ce qui ne va pas, il faut des coupables. Il est difficile de résister à ceux qui projettent leurs propres insuffisances. Difficile aussi de ne pas se laisser manipuler par le chantage affectif (« Si tu ne fais pas cela, je serai très malheureux, et ce sera à cause de toi »). Dans mon métier, je me bats contre cette idée qui voudrait que les mères soient coupables des difficultés ou des échecs de leurs enfants. Que de souffrances injustes et d'angoisses ! Chaque mère, toujours en première ligne, réfléchit, fait de son mieux et ne vise que le bonheur de ses enfants. Mais les choses sont beaucoup plus compliquées et subtiles que certains ne font semblant de le croire.

Supprimer, ensuite, l'anxiété et le souci des choses. Encore un poids bien souvent inutile. Bien sûr que l'avenir se prépare aujourd'hui. Il est sain de faire des projets et d'élaborer les étapes nécessaires à leurs réalisations. Sain aussi, si un événement à venir paraît effrayant, de réfléchir à la manière de se rassurer. Mais l'inquiétude permanente est néfaste. Elle laisse peu de temps à la créativité. Et puis, qui dit que les choses se passeront aussi mal qu'on les imagine? J'aime beaucoup ce vieux dicton : « Je suis un vieux bonhomme, j'ai eu beaucoup d'ennuis, dont la plupart ne me sont pas arrivés. » Alors, mieux vaut s'entraîner à ne pas se laisser envahir par l'anxiété. En ce moment, tu t'inquiètes à l'idée de partir seule en Espagne. C'est un choix que tu as fait et sur lequel tu ne reviendras pas. Plutôt que de laisser monter l'angoisse, vois comment te rassurer. Que conseillerais-tu à une amie dans la même situation? Trouve les actions qui t'aideraient. Pour le reste, fais confiance.

Supprimer, enfin, autant que faire se peut, le stress de son existence. Le stress, c'est le propre des gens toujours pressés, en retard, fatigués, tendus et qui n'ont jamais le temps de rien. Ils finissent les phrases des autres, marchent vite sans nulle nécessité, ne supportent pas le retard et s'impatientent lorsque l'ordinateur met plus de deux secondes à changer de fichier. Sans pour autant être plus efficaces que les autres. Alors, continuez à savoir vous relaxer quand c'est nécessaire, à ne rien faire quand l'envie vous en vient, à vous arrêter pour observer un papillon sur une fleur, à prendre le temps d'écouter les autres et à partir dans des fous rires irrésistibles. Tu n'es pas arrivé premier? La vie n'est pas une course. Tu as raté une occasion? Il y en aura une autre. Faites maintenant ce que vous avez à faire, pour ne pas vous laisser déborder. Puis laissez chaque jour se suffire à lui-même.

Je m'inquiète parfois de l'emploi du temps de certains enfants ou adolescents : cours, devoirs, activités de loisir. Que leur reste-t-il pour décompresser ou rêver, pour jouer ou inventer leur vie? Quels adultes seront-ils, ceux qui, enfants, ne savaient déjà plus « perdre leur temps » ? Il est vrai qu'en dehors des périodes de vacances vos vies, déjà, vous laissent peu de répit. J'aimerais que vous luttiez. Y compris contre moi, qui vous enjoint encore trop souvent de vous dépêcher.

Est-ce pour cette raison que chaque fois que je veux, même brièvement, t'expliquer quelque chose, tu me coupes au bout de quelques secondes en disant : « Je sais, je sais, ça y est, j'ai compris... »

Une vie d'angoisse? Une vie que nous ressentons comme telle, mais qui pourrait, en y mettant du sien et en se débarrassant de mauvaises habitudes, être tellement plus douce.

## La montagne et la souris

On s'en fait une montagne... et la montagne accouche d'une souris! Et si, vraiment, ce n'était pas grave? Si nous arrivions à refaire notre échelle des valeurs et à placer en tête ce qui compte vraiment? J'ai éraflé ma voiture, tu as manqué le train, il ne t'a pas invité à sa fête, nous avons des ennuis d'argent, vous avez raté votre match de volley, ils ont attrapé la grippe... Petite conjugaison du quotidien. Ce sont des faits pas vraiment graves, ennuyeux seulement, mais que nous avons vite tendance à gonfler comme des ballons de baudruche. En eux-mêmes, les événements n'ont pas grand sens : des choses à gérer, sans plus. Mais les émotions qui s'y rattachent nous trompent en leur donnant une place bien plus grande qu'ils ne le méritent. C'est là que se rappeler intérieurement une phrase comme « Ce n'est pas grave ! » peut beaucoup aider à prendre de la distance et à ne pas se laisser emporter.

La gravité que nous accordons à ce qui nous arrive n'est pas fonction du fait lui-même, mais de l'état émotionnel dans lequel nous sommes. Des choses aussi anodines qu'un ascenseur qui n'arrive pas ou un distributeur de café qui ne rend pas la monnaie sur dix francs peuvent nous mettre, vous le savez bien, dans une vraie colère. Tout dépend de la tension intérieure, que nous savons ou non relativiser. Comme l'écrit Woody Allen : « Ne jamais oublier que tout est relatif, ou devrait l'être. Sinon, tout serait à refaire, et on ne va pas s'y mettre à cette heure-ci. »

Les choix sont pour beaucoup d'entre nous des choses graves. Parce que nous imaginons qu'ils engagent notre vie (ce qui peut être exact) et que nous sommes libres d'agir (ce qui l'est moins). Mais comme nous ne savons jamais ce qui se serait passé si nous avions choisi une autre option, pourquoi se tracasser ? Choisissons honnêtement, assumons courageusement. Si seulement nous n'hésitions longuement que pour les grands choix qui engagent notre existence... Mais quand je vois le temps que tu passes, chaque matin, à hésiter entre deux T-shirts, ou celui qu'il te faut, au restaurant, pour décider de ton menu, je me dis une fois de plus que les affres sont les mêmes, que l'émotion fait tout. Alors qu'importe au fond que tu manges du poisson ou du poulet, que tu te vêtes de bleu ou de mauve ? Prends du recul : tu verras que le monde continue de tourner. Mais si tout vaut tout, me réponds-tu, n'est-ce pas que rien ne vaut rien ? Je réfléchis un moment, et je n'ai que ces mots : c'est l'amour, je crois, qui vaut pour tout. En bleu comme en mauve, réjouis-toi : tu es jolie. Et je t'aime.

Marie-Pierre m'a raconté à ce sujet une anecdote très éclairante. Un jour où elle se promène dans la campagne, son attention est attirée par une colonne de fourmis qui se suivent les unes les autres, le nez au sol. À un endroit de leur chemin, une grosse pierre empêche leur progression. Les fourmis hésitent. Faut-il prendre à droite ou à gauche ? D'un côté comme de l'autre, elles ignorent ce qui les attend. Comment décider ? Finalement, certaines contournent par la droite, d'autres par la gauche. La colonne de fourmis se sépare en deux files... qui se rejoignent de l'autre côté de la pierre, exactement au même endroit, pour reprendre ensemble leur avancée.

Bien sûr, il existe des faits plus graves, plus douloureux et difficiles à accepter, que d'autres. Moins simples à relativiser. Ce qui touche au fond des choses : la naissance, la vie, l'amour, la mort. Ce n'est pas une excuse pour ne pas se débarrasser déjà du reste.

« Mais la mort, alors ? » Oui, la mort ; rien n'est vraiment aussi grave qu'elle. Sa propre mort ou celle de ceux que l'on aime. Hier matin, ton petit hamster, Lili, s'est éteint entre tes mains, après deux jours d'évidente détresse et deux ans de joies partagées. Il avait attendu le matin, au bout de ses forces, pour te sentir encore une fois, pour un dernier câlin, et pouvoir expirer dans ta tendresse (et tes larmes). La fin d'une existence de petit hamster heureux. Certains diront que ce n'était qu'un hamster. Mais qui sont-ils pour juger de la valeur et de la force de nos attachements? Pour toi, c'est l'expérience de la mort : la légèreté du dernier souffle, l'horreur de l'absence soudaine et l'approche du mystère.

Même cela, la mort, est-ce grave? Elle est infiniment triste pour ceux qui restent, bien sûr. Mais sa propre mort, lorsqu'on est arrivé au bout du chemin, est grave et inévitable, grave et indispensable... Ne pas oublier qu'elle fait partie de la vie, et, surtout, ne rien hâter. Et puis la mort n'est pas la seule façon de perdre. Lorsque disparaît ce à quoi l'on tenait, un amour, un projet, une illusion, on se sent en manque, dépossédé de tout. Peu à peu le deuil se fait, qui nous réapprend à vivre, à sourire et à aimer. La vie en nous reprend ses droits. Ce n'était finalement pas si grave.

**La confiance du paysan chinois**

Pouvoir penser « Ce n'est pas grave », c'est faire confiance à la vie, qui nous aidera pour arranger les choses. Ne dit-on pas qu'elle les fait bien? N'oubliez pas : « Aide-toi, le ciel t'aidera. » Commencez, le reste suivra. Mais comment faire confiance à l'avenir, alors qu'on ne sait rien, alors que tout nous enseigne à mesurer notre confiance et à ne l'accorder qu'à ceux que l'on connaît bien? C'est justement cela, il faut faire confiance *parce qu'*on ne sait rien et que si peu dépend de nous. Avons-nous d'autre choix que d'avancer dans la confiance, sauf à rester frileusement enfermés en nous-mêmes?

Vous qui aimiez tant les contes, écoutez l'histoire du paysan chinois. Wong vivait il y a longtemps dans un village perdu au fond d'une province. Pauvre, il n'avait pour tout bien qu'une jument. Un matin, sa jument disparut. Ses voisins dirent de lui : « Pauvre Wong, il n'avait qu'une jument et voilà qu'elle est partie! » Wong dit : « C'est pas grave, c'est la vie. » Une semaine plus tard, la jument réapparut et Wong constata bientôt qu'elle était enceinte. « Quelle chance, dirent les villageois, tu n'avais qu'un cheval, te voilà avec deux! » « C'est la vie », répondit Wong. Six mois plus tard, son fils unique, à la suite d'une mauvaise chute sur le sol glacé, perdit l'usage d'une jambe. « Quel malheur, se lamentèrent les voisins, il n'avait qu'un fils et le voilà invalide ! » « Eh oui, c'est la vie », répéta Wong. Mais la guerre survint avec la province voisine, et tous les jeunes hommes du village durent s'enrôler, sauf le fils de Wong qui n'avait qu'une jambe. Tous les voisins l'envièrent en disant : « Quelle chance il a de garder son fils près de lui ! » Wong répondit encore : « Eh oui, c'est ainsi, c'est la vie ! »

L'histoire pourrait continuer longtemps, mais je crois que vous avez compris ce qu'elle tente de nous apprendre. Nous nous affligeons ou nous réjouissons des circonstances, alors que nous ne savons rien de ce qu'elles vont entraîner. Notre vue est à si court terme ! Wong, avec son caractère égal, se garde de se réjouir ou de s'attrister : il fait confiance. Pour le reste, on suppose qu'il s'adapte comme il peut.

Rappelle-toi l'année où nous avions décidé que tu partirais en camp de vacances : tu étais effondrée ! Mais, au retour, tu nous avais avoué avoir passé d'excellentes vacances. La vie nous envoie des événements, que nous qualifions de bons ou mauvais, selon qu'ils nous sont immédiatement agréables ou non. Alors qu'il faudrait des années, du recul et une lucidité que nous n'aurons jamais pour pouvoir les qualifier sans erreur. Que demande cet événement ? Répondre n'est pas se lamenter. Au lieu de qualifier, au lieu de nous plaindre, vivons les choses pleinement. À la phrase « Ce n'est pas grave », ajoutons si possible « Je fais ce que je peux et on verra bien la suite », « C'est toujours intéressant à vivre ». C'est ainsi que se vit la confiance, en nous et en plus vaste que nous.

### N'en rajoutons pas...

La vie est déjà assez difficile comme ça, le monde assez effrayant, alors évitons d'en rajouter. Pourquoi n'aller voir que des films sombres et ne lire que des romans noirs ? J'aime lorsque, par vos rires, vous rappelez à ceux qui l'auraient oublié que dehors le soleil brille et que la vie est belle. Le monde n'attend que nous pour s'éclairer. C'est à nous de rééquilibrer le fléau de la balance. Alors ne passons pas trop de temps à discuter de la cruauté des hommes ou à gloser sur tant de bêtise et de douleur mêlées. Ne soyons pas de ceux que la souffrance d'autrui fascine et soulage, qui ralentissent sur la route pour avoir une chance d'apercevoir les blessés. Ne confondons pas tragédie et profondeur. Ne nous persuadons pas que seul le malheur est respectable et intéressant. Pas même le nôtre. Ne nous accrochons pas à nos bobos divers, à nos difficultés. Sans ajout de bois, le feu s'épuise. Laissons le soir tomber sur toute douleur. Comme l'écrit Baudelaire :

*« Sois sage, ô ma douleur, et tiens-toi plus*
*[tranquille.*
*Tu réclamais le soir; il descend; le voici.*
*Une atmosphère obscure enveloppe la ville,*
*Aux uns portant la paix, aux autres, le souci. »*

Si nous pouvions donner autant de notre énergie à débusquer le doux, le lumineux, le bon. À chaque instant, sa merveille. Notre démarche, alors, susciterait comme autant de points d'eau dans le désert. Désert de nos villes et de nos banlieues, désert de nos vies : à nous d'y repérer les sources fraîches et de nous y désaltérer. J'aimerais vous transmettre le goût des histoires qui finissent bien, des livres qui aident à voir dans l'obscurité, de l'art qui met le courage au cœur, de tout ce qui aide à avancer. J'aimerais que vous partagiez ma joie de l'intime, du solitaire et du tendre. Voir le bon de l'instant, c'est affaire de regard et de volonté. Ce qui est là, c'est cadeau. C'est une flamme au cœur de qui le veut bien.

Encore faut-il choisir le blanc contre le noir. Encore faut-il pouvoir lâcher et prendre un peu de distance. Et faire preuve de quelque humour. Lorsque j'essayais de plaisanter sur ce qui vous semblait grave, vous me repreniez parfois d'un air de reproche : « Mais enfin, ce n'est pas drôle ! » Finalement, c'est vous maintenant qui m'aidez à rire de mes déboires. Fous rires pour des bêtises, grands éclats d'eau fraîche, vraie détente. Vos rires s'envolent et l'air un peu trop lourd s'allège aussitôt. Tout va bien. Savez-vous que le rire libère dans le sang des hormones qui aident à lutter contre la souffrance et l'angoisse ? Au point que certains cancérologues lui font une place parmi leurs thérapies.

Peut-on rire de tout ? Cela dépend comment : l'humour

n'excuse pas la méchanceté et n'a rien à voir avec l'ironie. Il permet parfois de rattraper des gaffes, comme lorsque tu rajoutes très vite, après avoir envoyé à quelqu'un ce qu'il est convenu d'appeler une vacherie : « Mais j'ai dit ça pour rire ! »

Savoir rire de soi est le grand privilège de ceux qui ne prennent pas le tragique au sérieux. Je ne crois pas que l'on puisse, dans cette voie, aller plus loin que Pierre Desproges. Atteint d'un cancer, il lançait au public : « On ne va quand même pas en faire une maladie ! » Puisque j'ai commencé sur la souffrance du monde, je voudrais terminer mon propos par ce mot de Woody Allen : « Je ne sais pas si Dieu existe mais, s'il existe, j'espère qu'il a une bonne excuse. »

## Oui à vos non

*« Que votre langage soit : "Oui ? oui. Non ? non" : ce qu'on y ajoute vient du Malin. »*

MATTHIEU, 5, 37

*« La lucidité est le lieu de rencontre de la conscience et de la sensualité. »*

Norman MAILER

J'entends d'ici votre incrédulité. Après vous avoir reproché de dire non trop souvent, trop systématiquement, voici que je vous y encourage ! Mais c'est d'autre chose qu'il s'agit ici. Le petit enfant de deux ans dit non à tout, même lorsqu'il est d'accord, car c'est une manière pour lui d'affirmer sa personnalité : « Je veux bien venir à table, mais seulement parce que je l'ai décidé, pas parce que tu me l'as demandé. » Les non des ados expriment encore une manière de se chercher, par la confrontation s'il le faut. Les vrais non, dont il est question ici, sont toujours un moyen de s'affirmer, dans ce que l'on croit profondément. Mais ils ne sont plus une réaction immédiate à la demande de l'autre. Ils ont perdu leur caractère systématique ou réactionnel. Posés, ils ont valeur d'actes.

## En finir avec la lâcheté

La lâcheté, c'est n'être pas d'accord, dans le fond, sans oser le dire. C'est laisser faire alors que l'on sent bien qu'il faudrait intervenir. On peut être lâche face à l'autre. C'est le cas lorsque tu laisses certains dans la classe se moquer d'une camarade pour son poids ou ses cheveux. Tu voudrais intervenir, mais tu n'oses pas te désolidariser des rieurs. On peut être lâche face à soi, lorsqu'on s'est promis une chose, et que l'on trouve toujours de bons prétextes pour oublier ou repousser. Après, on se le reproche : « J'aurais dû... » Mais il est souvent trop tard.

Face à la lâcheté des petits oui, ou du silence approbateur, tâchons de trouver en nous la force des grands non. Non, cela ne peut plus durer. Non, franchement, j'ai bien réfléchi, je ne peux pas être d'accord. Ces refus-là ont une grande force parce qu'ils sont patients et réfléchis. Ils engagent et débouchent sur l'action.

Bien sûr, dire non c'est prendre un risque. Bien des héros de votre enfance étaient des personnages qui avaient un jour, au nom de leur idéal, dit non à la société ou à la loi. Certains risquaient la prison, comme Robin des Bois. D'autres risquaient leur vie. Parmi les personnages réels, vous connaissez Gandhi dont le refus a permis à des millions d'Indiens de dire non à la domination anglaise. Lui aussi s'était mis hors la loi. Quand j'avais votre âge, beaucoup de mes amis, objecteurs de conscience, refusaient de partir au service militaire et se retrouvaient en prison. Dire non, c'est parfois désobéir en conscience à une loi que l'on considère injuste.

Je ne suis pas en train de vous inciter gratuitement à la désobéissance. Les lois sociales sont là pour que chacun les respecte, et que la société tourne en souplesse. Les règles à la maison visent également au bien-être et au respect de chacun. Mais la loi est faite pour l'homme et non l'homme pour la loi, comme Jésus a su le dire avec force à ceux qui s'étaient faits les défenseurs de l'ordre religieux. Bien souvent, elle n'existe que parce nous manquons de générosité et de sens moral. Pour nous protéger de nous-mêmes. Pourquoi faut-il une loi qui punit le fait de battre les enfants ou d'abandonner les chiens au bord de la route ? « Ne pas mentir » est aussi une loi morale faite pour nous qui manquons d'amour ou d'honnêteté. Car quand on aime assez, on sent bien ce qu'il convient de dire et ce qu'il vaut mieux taire, d'une maladie ou d'une médisance. Mais si la loi est injuste, elle doit être changée. Si vous êtes profondément en désaccord avec ce qui est, usez de tous les ressorts de la discussion et de la démocratie pour vous exprimer et convaincre. Essayez de vivre selon vos propres idéaux. Jamais je n'ai voulu vous faire croire que vous deviez obéir aveuglément aux ordres, que les enseignants étaient infaillibles, que vos parents avaient toujours raison et que tous les règlements étaient des absolus. Vous pouvez demander des comptes et des explications. L'esprit critique est fait pour être exercé, les habitudes pour être modifiées.

Il ne s'agit pas d'être non-conformiste ou franc-tireur par principe, mais de développer en soi la conscience et l'honnêteté. Si vous le ressentez en vous, ne craignez pas de vous révolter contre l'injustice, contre la bêtise, contre la méchanceté. Il ne s'agit nullement de s'opposer à tout et de vouloir tout changer par des bagarres stériles. Le monde est ce qu'il est : partons de ce constat et voyons ce que nous pouvons faire. Que nos vrais non soient forts, et réservés à des combats qui en valent la peine.

Ce n'est pas facile, bien sûr. La lâcheté ou l'égoïsme (« chacun ses problèmes ») sont plus confortables. Suivre et se taire sont plus simples que résister. Mais ce n'est pas parce que c'est difficile qu'il faut renoncer. Les victoires que l'on obtient n'en sont que plus satisfaisantes. Et même si la réussite n'est pas toujours là, l'action est le chemin à suivre : mieux vaut savoir que l'on a essayé d'agir comme on l'a pu, plutôt que se reprocher de n'avoir pas osé. Je me rappelle ce concours de nouvelles, auquel tu avais choisi de te présenter : tu avais trouvé le courage de le faire, même avec un niveau moyen, « pour le plaisir d'essayer », disais-tu.

Si les grands non semblent trop difficiles, on commence par de plus petits : expliquer au professeur principal que, non, on ne peut pas remettre trois dossiers la même semaine ; dire au boulanger qu'on ne prendra pas cette baguette qu'il vous tend parce qu'elle n'est pas assez cuite ; refuser au copain de partager son joint ; dire à sa mère qu'on n'ira plus en vacances dans cette famille anglaise…

## Renoncer à être approuvé et à plaire à tous

Refuser demande du courage, surtout s'il faut pour cela s'opposer au plus grand nombre. À chacun de trouver en lui sa vérité. Tant mieux si beaucoup sont d'accord avec vous, mais tant pis s'ils ne sont qu'une poignée. C'est bien de rechercher des supporters, pas d'en avoir besoin. Apprenez plutôt à développer votre confiance et être pour vous-mêmes un supporter enthousiaste.

Tous les jeunes aiment faire partie d'un groupe et souhaitent forcément que leurs actes soient approuvés par leurs pairs. Mais, selon le groupe, le quartier, la mode du jour, l'humeur du leader, c'est un comportement ou un autre qui est valorisé. Hier, pour être accepté, il fallait un jean moulant, aujourd'hui, il faut des bas de pantalon larges. Dans ce lycée, il faut porter des vêtements de marque, dans cet autre c'est ridicule. Et vous, vous aimez quoi ? Vous voulez quoi ? Être prêt à tout pour être intégré, c'est souvent renoncer à ce que l'on est en profondeur.

Plus vous réfléchissez à vos choix, plus ils répondent à une vraie décision. Plus vous montrez de conviction, et plus ils ont de chances d'emporter l'approbation. À l'inverse, celui qui se soucie d'abord de modeler son comportement sur les autres n'attire personne. Un exemple ? L'autre jour, tu voulais aller au cinéma avec tes copains. Le film choisi ne te convenait pas : trop de violence gratuite, disaient les critiques. Tu as proposé deux ou trois autres films, en argumentant. Finalement, il s'en est trouvé deux pour t'appuyer et te suivre. Tu avais refusé d'aller contre tes convictions. C'est un vrai courage de résister ainsi à la pression du groupe pour défendre ce que l'on croit.

Il est important d'être soi-même, de découvrir ses projets et ses goûts. Comme le constatait déjà au XIXe siècle, avec un certain humour, le philosophe allemand Arthur Schopenhauer : « Nous sacrifions les trois quarts de ce que nous sommes dans le seul but d'être comme les autres. » N'entendez pas qu'il vous faut être originaux à tout prix, mais seulement en accord avec vous-mêmes. Bien sûr, vous serez rejetés par certains : on ne peut plaire à tous ! Écoutez les critiques, et tenez-en compte si elles vous semblent pertinentes. Pour le reste, creusez en vous-mêmes à la recherche de votre vérité, et laissez dire. Ceux qui vous apprécieront, eux, le feront pour de vraies raisons.

Enfin, n'oubliez pas une chose très importante : votre vérité n'est que la vôtre. Elle n'a pas pour ambition d'être la vérité de tous et dans tous les cas. Défendez vos arguments, essayez de convaincre, mais restez modestes : l'autre a ses raisons, et sa vérité vaut bien la vôtre. Elle est tout autant respectable. Comme l'a écrit Montaigne : « Tiens ton avis pour tien et non pour bon. »

## C'est oui ou c'est non

Pour la plupart d'entre nous, c'est oui et non à la fois. Nous sommes divisés. Une part de nous voudrait bien, pour de bonnes raisons, et une autre part refuse, avec d'excellents arguments. « J'irais bien à la campagne me changer les idées, mais si je reste à la maison, je travaillerai plus sérieusement », ou encore « Je reprendrais bien du gâteau, je l'adore, mais je ne devrais pas, j'ai deux kilos à perdre ». Si bien que l'on part à la campagne en se disant qu'on aurait dû rester, ou bien on reste en se disant qu'on aurait dû partir. Et on mange du gâteau en se sentant coupable d'avoir failli. Ne voulant renoncer à rien, nous gâchons tout.

Nos plaintes et nos regrets n'ont bien souvent pour objets que les conséquences logiques de nos propres comportements et de nos choix. Cette division intérieure (être hésitant, vouloir une chose et son contraire) est commune à tous, mais elle est paralysante. C'est pourquoi je vous suggère vivement d'essayer d'en sortir. Dimanche, tu hésitais entre aller laver la voiture des voisins ou finir de regarder ton film à la télévision. À force d'hésiter, ta sœur a lavé seule la voiture et toi tu as regardé ton film sans vraiment t'en réjouir, ne sachant pas jusqu'au bout si tu avais bien fait. Ta sœur a évidemment refusé de partager avec toi l'argent reçu en échange de son travail. Tu t'es senti fâché : tu aurais tout voulu, l'argent et le film. Tu n'avais pas renoncé ni fait un vrai choix, seulement attendu que le temps passe et décide pour toi. Alors, bien sûr, tu te sentais mal.

La seule façon de se sortir de cette absurdité, c'est d'abord de faire preuve d'honnêteté. « J'ai choisi de partir à la campagne, alors je ne me plains pas de ne pas avoir assez de temps pour travailler », « J'ai accepté d'aller au cinéma, alors je ne me plains pas d'avoir à me coucher tard », « J'ai choisi de regarder la télévision, alors il est normal que je ne touche pas d'argent ». C'est aussi essayer d'être tout entier dans un oui ou dans un non. Une fois que le choix est fait, il est inutile de regarder en arrière. C'est oui ou c'est non, mais chacune des deux options nous engage pareillement. On s'aperçoit que l'on s'est trompé de route ou d'opinion ? « Oui, je me suis trompé », on répare ce que l'on peut et l'on assume le reste.

Comment décider, pour les choses importantes ? En s'interrogeant sur ce que l'on veut vraiment. Épicure conseillait de procéder ainsi : « À propos de chaque désir, il faut se poser la question : quel avantage en résultera-t-il si je ne le satisfais pas ? » Vous verrez que cela fait apparaître les options sous un jour nouveau. Au fond de vous, à quoi donnez-vous la priorité ? Qu'est-ce qui est le plus important pour vous, maintenant ou dans l'avenir ? Souvent, lorsqu'on se pose cette question, la réponse surgit. Elle vient de la profondeur. Les demandes superficielles disparaissent sans trop de peine. Décider de cette façon, c'est rarement le regretter. C'est aussi se motiver pour l'action. Je le vois souvent auprès des gens qui viennent me voir pour que je les aide à évoluer, à changer. Ils sont mal dans leur peau et souffrent de leur manière de fonctionner. Mais changer, c'est douloureux, courageux. Cela demande de lâcher des choses auxquelles on tient. Certains s'arrêtent en route. Ceux qui avancent sont ceux qui ont répondu oui à la question : « Faire ce travail, changer, le voulez-vous *vraiment* ? » Alors j'envoie la balle dans votre camp : quelle vie voulez-vous *vraiment* ? Pour espérer, nous sommes très forts. Mais pour vouloir et mettre en acte, c'est autre chose.

« Que ton oui soit oui », a dit le Christ. Et que tes non soient non. Entre les deux, il n'y a pas grand-chose de solide sur quoi on puisse prendre appui.

## L'action est le chemin

L'action réfléchie vaut mieux que la discussion sans fin. Elle vaut mieux que l'émotion. « Les plus nobles principes du monde ne valent que par l'action », disait Charles de Gaulle, qui ne manquait ni des uns ni de l'autre. Trop de gens restent au stade des envies, sans jamais s'engager. « J'aimerais bien apprendre le tennis », « C'est dommage de ne plus avoir de nouvelles de Claire ». On s'arrête là. Les mêmes résolutions sont prises chaque 1er janvier, sans avoir même débouché sur un début de mise en pratique.

Évidemment, celui qui n'agit pas ne risque ni la critique ni l'échec. Mais il court un danger plus grand, celui de se perdre dans les marais de la déception et du manque de confiance en soi. L'instant passe, puis les jours, puis les années. Vient un moment où cela n'en vaut plus la peine, ou bien il est trop tard. Comme l'a écrit également Épicure : « La vie se perd à force d'attendre. » Savoir ce que l'on veut, dire oui ou non, c'est la première étape. La seconde est de mettre en acte. Je t'entendais dire hier : « J'en ai assez de saigner tout le temps du nez ! » Le jour où vraiment tu penseras « Non, cela ne peut plus durer ! » tu affronteras l'inquiétude que suscite en toi l'intervention, pourtant bénigne, pour cautériser un petit vaisseau sanguin. Tu cesseras de râler pour agir. L'action nous libère de nos ruminations et de nos plaintes. Vous avez un problème ? Qu'est-ce que vous pouvez faire ? Êtes-vous sûrs d'avoir tout essayé ? Rien que le fait de reprendre ainsi l'initiative, vous vous sentirez mieux.

Attention, agir ce n'est pas se lancer pour faire n'importe quoi, que l'on regrettera ensuite. Cela, c'est réagir aux événements, comme une bouteille sur la mer se fait rejeter à droite ou à gauche par le ressac. L'action, à l'opposé du coup de tête, suppose que l'on a réfléchi, que l'on a décidé, que l'on s'est engagé. C'est bien ce que je veux ? Je suis décidé à aller jusqu'au bout et à assumer les conséquences ? Alors, on y va. C'est la seule manière de savoir si ce que je veux en vaut la peine. Rappelle-toi cette discussion que nous avons eue quand tu m'as dit que tu *espérais* être un jour vétérinaire. Je t'ai répondu que je me moquais de ton espérance : espérer n'a jamais fait réussir à un concours. En revanche, si tu *veux* être vétérinaire, alors nous pouvons réfléchir aux différentes étapes qui y conduisent. Pour aller vers ce projet, quelle action est à mener dès aujourd'hui, y a-t-il des options à choisir, des écoles préparatoires à repérer, des matières à travailler, des stages à envisager ?

Agir plutôt que réagir, c'est aussi faire une place à l'autre. Dans la réaction, nous sommes égoïstes et emportés. L'action nous permet de réaliser que tout n'est pas possible, et que tout ce qui est possible n'est pas souhaitable. Vous pouvez espérer ou vouloir ce que vous voulez. Mais la réalisation demande que vous teniez compte des autres et de leurs propres désirs. Imagine une famille où chacun ne tiendrait compte, dans ses actes, que de ses propres désirs : l'un déciderait de préparer un bon repas, l'autre de ne pas rentrer ; chacun s'arracherait la télécommande pour voir un programme différent ; l'un mettrait la musique à tue-tête quand l'autre dort encore... Tenir compte de l'autre, prévoir les conséquences, inscrire son action dans une certaine éthique : on voit qu'agir demande réflexion, calme, et ne peut se faire véritablement sous le coup d'une émotion. Le bonheur naît de ces actes-là. Même si leur succès n'est jamais assuré, car ils dépendent aussi d'événements qui ne nous appartiennent pas. C'est d'autant plus important qu'au bout du compte, au bout de la vie – je vous parle ainsi, même si je sais combien cela vous semble loin –, on n'est rien d'autre que ce que l'on a fait. Pensées, désirs, émotions, peurs, tout cela a disparu. Ne reste que cela : Qu'as-tu voulu ? Qu'as-tu fait ?

Vouloir ce que l'on fait, faire ce que l'on veut, vouloir ce que l'on vit… À un certain niveau, on ne fait jamais rien d'autre. Plus on avance en âge, plus on est forcé de reconnaître que l'on a une part de responsabilité évidente dans la vie que l'on mène. Bien sûr, on ne choisit pas tout ce qui nous arrive, ni vous ni moi. Si vous l'aviez pu, vous vous seriez peut-être donné davantage d'argent, ou une mémoire plus performante, ou des parents plus « cool »… Mais la façon dont vous allez vivre ce qui vous est donné relève de votre volonté. Vous vous lamentez, ou vous voyez comment vous pouvez agir, ou vous acceptez et passez à autre chose… c'est comme vous voulez.

### Le choix du respect

Lorsque j'avais vingt ans, le livre que toutes les femmes à la sensibilité « écolo-féministe » avaient sur leur table de chevet s'appelait *Notre corps, nous-mêmes.* C'était aussi l'époque des grandes batailles pour conquérir le droit à la contraception et à l'avortement : « Notre corps nous appartient. » Vingt ans plus tard, je ne suis pas certaine que tout cela soit vraiment acquis. Les pilules les plus récentes, souvent les mieux tolérées, ne sont pas remboursées par la Sécurité sociale. L'interruption volontaire de grossesse, là où elle a été autorisée, est périodiquement remise en question. Il ne faudrait pas que ces combats-là se perdent. Notre corps, nous n'avons que celui-là. Beau ou laid, plus ou moins résistant, c'est avec lui qu'il va falloir composer. Alors, ne laissez personne décider pour lui si vous n'êtes pas d'accord.

À vous seuls de décider qui peut poser la main sur vous, ou bien à qui vous confier. Ces décisions sont d'importance. Vous avez droit au non à tout instant, en toute circonstance. Vous avez le droit de changer d'avis. Votre corps possède une dimension sacrée qui ne peut être bradée. Alors oubliez la peur de paraître ridicules ou celle d'être rejetés. Votre corps vous appartient. C'est à vous de décider : n'acceptez jamais d'être forcés dans ce qui en vous se refuse. C'est indigne de vous. Il faut parfois bien des non pour protéger de vrais oui. N'oubliez pas, comme l'a écrit Dostoïevski, qu'« il n'y a que par le respect de soi-même qu'on force le respect des autres ».

Respect de soi, respect de l'autre : notions fondamentales, qui supposent de s'aimer soi-même et de n'être pas trop débordé, comme on l'est souvent à votre âge, par les conflits intérieurs ou extérieurs. Où est le respect de soi quand on se sent poussé à s'abîmer ou à se punir ? Quand on fait des choix contraires à son intérêt le plus évident ? Parfois, le chemin est bien escarpé et le paysage bien aride… D'autant que le respect que l'on se doit n'a pas seulement à voir avec les relations amoureuses. La question est plus générale. Est-il digne de nous de faire des choses qu'une part de nous refuse, de les faire par paresse, par égoïsme, ou seulement pour ne pas se dissocier du reste du groupe ? Des études multiples ont montré que, chez les drogués, la première prise de stupéfiants a très souvent été due au désir de faire comme les autres. Cette première fois, on est libre de dire non ; les suivantes, on l'est beaucoup moins, car le corps réclame et le manque s'installe. Il en est de même pour la cigarette. Une récente recherche a montré que le tabac n'apportait presque rien sur le plan biologique (ni excitation, ni détente, ni amélioration des performances). On ne fume que pour combler la sensation de manque, elle-même aggravée par chaque cigarette. Par dépendance, assuétude disent les spécialistes. Où sont la liberté intérieure et le respect de soi ?

Le respect de son corps, c'est aussi avoir une activité physique et connaître ses limites. C'est ne pas manger n'importe quoi, n'importe quand. Donner au corps ce dont il a besoin de repos, d'exercice, de bien-être. Cette autodiscipline dont je parle peut vous paraître inutile ou trop exigeante. Elle n'est ni l'un ni l'autre. Là encore, c'est parce que vous aurez fait de vrais choix, que vous saurez ce que vous voulez vraiment, que la façon d'y parvenir s'imposera d'elle-même sans que cela vous coûte trop. Si tu veux, cette année encore, participer aux championnats de gymnastique, tu sais bien qu'il te faut t'entraîner plusieurs heures par semaine et ne pas prendre trop de poids. Si tu veux réussir un concours, il faut, pendant un an, te donner une discipline quotidienne de travail qui exclut beaucoup de distractions. Dans tout projet de vie, c'est l'autodiscipline qui permet de se remotiver et évite de se laisser rattraper par la paresse. Pas d'excès là non plus : il faut à la fois se donner du plaisir et exiger de soi des efforts.

Prêchant ainsi l'équilibre, j'ai peu de chances d'être comprise de ceux qui ne se sentent vivants que dans les extrêmes. Méfiez-vous de ce besoin de sensations fortes, méfiez-vous de l'excès. Bouddha, qui a commencé ainsi, a finalement trouvé la libération dans ce qu'on a appelé « la Voie du Milieu ». Mais suivre cette voie exigeante demande beaucoup de pertinence, de lucidité et d'humilité. Beaucoup de non à ce qui ferait dévier.

Le mot discipline évoque peut-être pour vous châtiments et heures de colle, alors qu'il se rattache au beau mot de disciple. Vous n'avez plus l'âge d'être disciplinés de l'extérieur : vous vous êtes, au fil des années, construit un code moral. Vous savez vous appuyer sur votre code de conduite intérieur pour savoir comment il convient de vous comporter et pour comprendre ce que la situation exige. Vous savez prendre sur vous-mêmes. L'autodiscipline commence là. C'est en vous que s'enracinent vos règles et vos limites. Vous êtes désormais les disciples de la vie. C'est elle qui vous enseignera : « Là, je n'ai pas été à la hauteur », « Ce jour-là, j'aurais mieux fait de me taire », « Si je ne mange pas le matin, je n'arrive pas à suivre correctement les cours », « J'aurais dû lui dire plus tôt que je l'aimais », « Si c'était à refaire... », etc. La façon de se comporter dans la vie n'a pas seulement à voir avec notre bien-être ou avec nos désirs immédiats, mais avec ce qu'il est bon de faire, en rapport avec notre image intérieure. Faire ceci, dire cela, est-ce digne de moi, conforme à celui ou à celle que je voudrais être ? Non ? Alors je ne le fais pas. C'est cette boussole intérieure qui vous permettra de devenir, comme le dit la chanson, « quelqu'un de bien ; juste quelqu'un de bien ».

**Justice et justesse**

Agir et être quelqu'un de bien… Il n'est jamais facile de reconnaître quelle serait l'action juste, car des parties de nous veulent des choses différentes et nous manquons de clairvoyance, mais cela ne nous dispense pas de nous poser la question. Qu'est-ce qu'il serait juste de faire dans cette situation ? C'est là qu'il faut être lucide. La joie qui accompagne l'action vous fera comprendre que vous avez su trouver la bonne réponse. Qu'est-ce qui me fait agir ? Est-ce la colère, la rancune, l'égoïsme, ou bien est-ce le souci de l'autre, ma propre dignité d'être humain ? La pensée de l'autre n'est pas le sacrifice de soi. Finalement, on se fait toujours plaisir, on fait toujours ce que l'on veut, et personne ne va jamais totalement contre ses intérêts. Sinon, on se frustre de sa joie, et le bonheur ne peut pas être dans cette direction. Simplement, on place son intérêt et son plaisir à un autre niveau. Envoyer de l'argent à un organisme qui s'occupe des orphelins de Roumanie parce que l'on a été touché par un reportage dans un journal, c'est bien sûr, en partie, agir pour se tranquilliser. Et alors ? L'argent va quand même là où il sera utile. Voir, être honnête, c'est essentiel et ne dispense jamais d'agir.

Comment savoir si ce que je m'apprête à faire est juste ? Il n'y a pas de règle. J'exerce mon intelligence et ma lucidité, j'écoute ce que disent sens et conscience ; j'essaie de ne pas me leurrer, je calcule les risques, je veille à mériter ma propre estime… Et si je me suis trompée ? J'essaie de ne pas m'en vouloir. On ne fait que ce que l'on peut faire à un moment donné. « Si j'avais su… » ne rime à rien : on ne savait pas.

Mes choix ne valent que pour moi. Comment saurais-je ce qui est juste pour l'autre ou ce qui est bon pour lui ? Il est différent de moi, c'est à lui de décider de ses actes. En revanche, je peux tenter de le comprendre, pour cesser de lui en vouloir. Lui non plus ne pouvait pas, à ce moment-là, faire autrement. Même en plein désaccord, je peux respecter chez l'autre sa façon de voir et lui accorder une part de vérité. Qui sommes-nous, chacun, pour prétendre savoir ce qui serait absolument vrai ? Cela dépend tellement de l'endroit où l'on se tient !

Laissez-moi vous raconter l'histoire indienne de l'éléphant et des quatre aveugles. Un jour, il y a bien longtemps, le roi de la province va voir le sage ermite dans sa grotte et lui demande : « Maître, apprends-moi ce qu'est la vérité. » Le maître lui dit : « Amène sur la place du village un éléphant et quatre aveugles. Je te dirai alors ce qu'est la vérité. » Le roi, surpris, s'exécute. Le sage s'approche du premier aveugle, lui met dans la main la trompe de l'éléphant et lui dit : « Tiens, touche, c'est un éléphant. » Au deuxième aveugle, il fait toucher l'oreille et dit : « Tiens, touche, c'est un éléphant. » Au troisième, il donne la patte, et au quatrième la queue. Puis il revient au premier aveugle et l'interroge : « Qu'est-ce qu'un éléphant ? » L'aveugle répond : « C'est long, c'est rugueux, et il y a deux trous au bout. » « Pas du tout, dit le deuxième aveugle, c'est plat comme un vieux parchemin ! » « Ridicule, rétorque le troisième qui avait eu la patte, c'est lourd, rond, avec des ongles au bout ! » « N'importe quoi ! fait alors le quatrième aveugle qui avait touché la queue, c'est petit, rond, et il y a quelques poils au bout ! » Comme ils commençaient à se battre, il fallut les séparer. Le sage se tourna alors vers le roi et lui dit : « Voilà, c'est cela la vérité. »

Nous sommes tous comme ces aveugles, à confondre le tout et sa partie. Ne pouvant nous tenir à la fois devant et derrière, avant et après, nous n'avons chaque fois en main que la trompe ou la queue. Si une vérité absolue existe, elle ne nous est pas accessible. Le bout que nous en percevons n'est pas celui que notre voisin tient : ce n'est pas une raison pour nous battre. Combien de fois, dans vos disputes, suis-je intervenue pour vous montrer que vous aviez raison ensemble, chacun et chacune de votre point de vue. Vous me trouvez alors injuste, désirant avoir raison tout seuls. Mais c'est impossible. Si la vérité n'était que d'un côté, alors les pièces n'auraient qu'une face et les cuillers seraient seulement concaves. Comme disait ma grand-mère : « Peu importe la minceur de la tranche, elle aura toujours deux côtés. » Il t'a donné un coup de pied ? À ce moment-là, il ne pouvait en être autrement. Elle t'a injurié ? Sous l'emprise de la colère, elle se croyait justifiée de le faire. Être juste, ce n'est pas juger. C'est seulement se trouver au plus près de la vérité, au plus près du réel.

Quand on a compris cela, comment condamner ? C'est effectivement impossible, et je plains ceux dont c'est le métier.

L'écoute et la compréhension (en sachant bien qu'on ne comprend jamais totalement quelqu'un, même pas soi-même) entraînent la sympathie et le pardon. Il nous reste l'humilité, le silence, et nous tenir au côté de ce qui nous semble juste.

Pour illustrer cela, écoutez cette autre histoire. Vous savez combien j'aime ces fables : leur simplicité et leur humour sont si éclairants ! Un maître et ses trois disciples se trouvent au bord de la rivière. Le premier moine dit : « N'est-ce pas, maître, qu'il est permis de pêcher les poissons ? C'est la loi de la vie que l'homme doive se nourrir, et tuer le poisson est aussi une façon de hâter sa réincarnation. » « Tu as raison », dit le maître. « Mais, demande le deuxième moine, n'est-il pas exact que le respect de la vie est un absolu, et que cela nous interdit de pêcher ? » « Tu as raison », dit encore le maître. Le troisième moine explose : « Maître, je ne comprends pas : les deux moines ont dit des choses tout à fait opposées, et aux deux, vous répondez qu'ils ont raison ! » « Tu as raison », conclut le maître.

### La grandeur du oui

J'ai beaucoup parlé du non. Il est fondamental lorsque « décidément, non, cela ne peut plus durer », parce qu'il ouvre sur l'action. Mais nos non sont là pour protéger nos oui, combien fondamentaux aussi. Réfléchissez, et vous verrez que tout non recouvre un oui toujours plus vaste. Non à telle sortie, parce que tu te réserves pour une autre, plus importante. Non à tel aliment, parce que tu as la sensation intime de ce dont ton corps a besoin. Si je vous ai souvent dit non, si j'ai refusé d'accéder à nombre de vos demandes, c'est parfois parce que vous me dérangiez, mais le plus souvent, je l'espère, au nom du grand oui fondamental à être votre mère et à devoir assumer ce que ce rôle peut parfois avoir de frustrant. Oui à ce que vous êtes, oui à l'existence de vos désirs, mais non, plus souvent que je ne l'aurais aimé, à leur satisfaction.

Le oui est une parole d'ouverture et d'engagement. C'est la parole du cœur. De la paix du cœur. Quand le non est révolte. Vivre heureux, vivre en paix, c'est faire son esprit au oui. Oui à la vie, oui à ce qui est, oui à ce que la vie m'envoie.

Toutes les grandes traditions se rejoignent autour de cela : Om, Amen, Inch Allah, Que Ta volonté soit faite... Même la sagesse populaire qui soupire : « C'est la vie ! » Dans la bouche de Woody Allen, cela donne : « La réponse est oui, mais quelle est la question ? » Comme notre réalité quotidienne est tout entière dans la dualité, tendue entre deux extrêmes, c'est aux deux faces de la médaille qu'il faut acquiescer. Dire oui, c'est tout prendre : l'entente et le conflit, la joie et la peine, la présence et le manque, la naissance et la mort. Dans la vie, on ne trie pas : il faut tout prendre ou rien, car chaque élément contient son contraire. La joie des retrouvailles contient la peur de la séparation, l'espoir de réussir contient la peur d'être déçu. Dire oui, c'est faire un avec la vie. Longtemps, j'ai cru que le bonheur consisterait à accumuler ou faire durer le plus possible d'instants joyeux, et à refuser ou éloigner de toutes mes forces les vents contraires. Ce combat, s'il permet quelques victoires, est perdu d'avance. Le bonheur, c'est pouvoir, jour après jour, dire oui à la vie qui contient le plus et le moins, les vents favorables et les jours de tempête. Prendre le tout.

Mais la vie, elle, nous dit non. Elle dit non à la plupart de nos rêves d'enfants, à nos désirs d'adolescents. Elle dit non à nos ambitions et à nos espoirs, non à nos supplications lorsque tout va mal. À tous ces non-là, il va falloir dire oui. Puis accueillir et nous réjouir, humblement, de ce qui nous est donné. « Se contenter de ce que l'on a. » Quelle exigence dans cette phrase ! Il ne s'agit nullement de renoncer : ce qui nous est demandé, au lieu de nous plaindre du peu qui est là, c'est de nous en réjouir, d'en être contents. Mais nous sommes tous les mêmes : myopes sur ce que nous avons, obsédés par ce qui nous manque.

Les enfants sont doués pour le oui. S'ils sont heureux, ils oublient volontiers les frustrations passagères et s'envolent vers un autre espoir, vers une autre joie. Et leur bonne humeur revient. Enfant, tu dansais avec la vie, tu surfais au creux des vagues. Aujourd'hui, cela t'est plus difficile. Tu laisses ton espace s'obscurcir pour un pauvre petit nuage, sans voir que le soleil brille ailleurs de tous ses feux. D'autres fois, c'est toi qui m'enseignes : « Tu ne vas pas en faire une histoire ; c'est comme ça, on n'y peut rien ! »

Dire oui ne veut pas dire que l'on approuve, ou que c'est ce qu'on aurait choisi. Mais « as-tu une fois dans ta vie commandé au matin, assigné l'aurore à son poste » (Job, 38, 12) ? Dire oui signifie seulement qu'on prend acte de la réalité. Oui, j'ai perdu mon portefeuille. Oui, j'ai mal à la tête. Je vois et j'accepte que ce qui est soit. Sans me perdre dans des pensées du genre : ce qui aurait dû être, ce qui aurait pu être si, etc. Faire le deuil de ce qui n'est pas pour s'investir pleinement dans ce qui est. C'est ou ce n'est pas ? C'est. Oui. Mais si cela ne me convient pas, je fais quoi ? Qu'est-ce qui peut être fait ? Qu'est-ce que je peux changer ? J'ai mal à la tête, je prends de l'aspirine. Et si cela ne sert à rien, j'essaie de vivre avec. Sachant que toutes les pensées de refus (« Juste aujourd'hui où je dois aller faire des courses ! » « J'avais déjà mal hier, j'espérais que ce serait fini ! » « Quand je pense qu'avant cela ne m'arrivait jamais ! » « Si ça se trouve, j'ai un truc au cerveau ! », etc.) ne font qu'augmenter le malaise.

Le oui, c'est cela. Tellement simple et tellement difficile. Si ce que la vie nous donne est agréable, pas de problème. Parfois il faut chercher, il est bien rare qu'il n'y ait pas des choses agréables dans notre vie, dans l'instant (encore faut-il les repérer comme telles, et se réjouir de l'odeur du foin fraîchement coupé ou du spectacle de feuilles mortes qui volent dans le vent). Si c'est désagréable, je me dis : « Oui, c'est là », puis « Qu'est-ce que je peux faire ? » Quand j'ai tout essayé ou que je ne peux vraiment rien y changer, je vois comment vivre cela le moins mal possible. Et si ce qui monte en moi, c'est : « Oh, non, pas encore, pas maintenant, je ne veux pas ! » alors j'essaie encore de dire oui à ce qui est là, de dire oui à mes non.

# Ouvre tes yeux

*« Le monde est aveugle. Rares sont ceux qui voient. »*

BOUDDHA

*« Ô mon cœur, deviens*
*Infaillible cristal auquel*
*La lumière s'éprouve. »*

Friedrich HÖLDERLIN

La position de l'observateur influence sa vision des choses. C'est vrai dans toute expérience. Prenons un exemple tout simple : selon que vous vous placez devant la boîte de conserve ou au-dessus, vous la décrirez comme un cylindre ou comme un disque. C'est vrai aussi de la position intérieure : selon votre humeur ou vos croyances, vous verrez les choses d'une manière différente. Mais changer de position ne suffit pas, encore faut-il ouvrir les yeux. Je vous expliquais comment voir les choses et les gens sous un angle positif. Maintenant, descendons encore d'un cran : il s'agit de les voir, tout simplement. C'est encore plus difficile. « J'appelle la vue un mensonge », disait déjà Héraclite.

## On ne voit que soi, partout

Entre « Chic, il neige ! » et « Zut, il neige ! » préférons la première exclamation, de ce que l'on ne peut changer, mieux vaut se réjouir. Mais les deux ne sont que des interprétations. Une seule chose est vraie, une chose toute simple : il neige. Qui le voit ? Qui voit la neige et ses cristaux, les sous-bois gelés, la trace des premiers pas ? Chacun n'est occupé qu'à la qualifier. On ne voit pas la neige, on ne voit que l'effet de la neige sur soi. On ne voit que soi. Toujours. Les scientifiques le savent bien : « Quand l'observateur semble, à ses propres yeux, occupé d'observer une pierre, en réalité cet observateur est en train d'observer les effets de la pierre sur lui-même. » (B. Russell) Quand je regarde une rose, je regarde l'effet qu'elle a sur moi : « Elle sent bon. Elle est du même rose que tes joues. C'est dommage qu'elle se fane déjà. » Je l'ai jugée, je l'ai comparée, je l'ai regrettée. Mais la rose, elle, n'a pas été vue.

Plutôt que de voir ou d'entendre simplement ce qui est, nous donnons du sens. Nous formons des interprétations qui, le plus souvent, n'ont pas lieu d'être. L'autre soir, je rentrais à la maison après avoir assisté à une conférence. Il était tard et les rues étaient désertes. J'ai entendu les pas lourds d'un homme derrière moi. J'ai tourné à gauche, lui aussi. J'ai accéléré : son pas ne s'est pas éloigné. Je me suis sentie suivie et j'ai commencé à avoir peur. Arrivée devant la maison, je suis rentrée très vite et j'ai refermé la porte. Les pas sont passés devant le portail, puis se sont éloignés. Que dit la vérité ? Un homme marche derrière moi et va dans la même direction. Rien d'étonnant : nous sommes quelques centaines à habiter cette rue. Mais dès que je pense qu'il me suit, je ne suis plus dans la vérité, je suis dans l'interprétation. Je ne suis plus dans le présent, je suis dans l'histoire que je m'invente. Une histoire qui fait peur, où les hommes agressent les femmes seules, le soir au coin des rues. Mais qui n'a rien à voir avec cet homme-là, ce soir-là. Si je m'étais contentée de ce qui était, j'aurais été vigilante, comme la situation le demandait, mais je me serais épargné la peur.

Incapables de voir ce qui est et d'apprécier ce que nous voyons, nous créons des liens entre les situations. Parfois vrais, ce qui renforce le mécanisme, mais souvent faux. Sabine, vous vous en souvenez, a été mordue par un chien il y a deux ans. Depuis, elle s'éloigne dès qu'elle en voit un et craint tous ceux qu'elle aperçoit. Parce qu'elle a rencontré un chien méchant, elle se comporte maintenant comme si tous les chiens étaient méchants. Elle ne peut plus voir, quand elle vient à la maison, que Duchesse est une brave bête qui ne ferait pas de mal à une mouche. Elle ne voit plus les chiens, elle ne voit que son idée des chiens. Ajoutons que les animaux perçoivent sa peur, ce qui ne les rend pas sympathiques avec elle, ce qui renforce sa crainte, etc.

Un autre exemple de lien est celui que font les gens lorsqu'ils refusent de mettre des chrysanthèmes dans leur jardin, parce que ces fleurs sont souvent celles dont on orne les tombes dans les cimetières, la veille de la Toussaint. Un regard sans interprétation montrerait que ces fleurs sont presque les seules qui fleurissent à cette époque, qu'il en existe cent variétés aux teintes différentes. Mais non. Les chrysanthèmes évoquent les tombes, alors on ne peut les planter dans son jardin. On ne voit pas les fleurs, mais les idées qui y sont associées.

Ces réactions sont le plus souvent inconscientes : nous ne nous rendons même pas compte de ce qui biaise ainsi nos perceptions. C'est pourquoi il est si difficile de les comprendre et de s'en défendre. Des chercheurs ont fait l'expérience suivante. Ils ont projeté à deux groupes d'étudiants le même petit film montrant un bébé de quelques mois en train de pleurer. À l'un des groupes, ils ont demandé : « Pourquoi ce petit garçon pleure-t-il ? » Réponse : il pleure de colère. À l'autre groupe, ils ont demandé : « Pourquoi cette petite fille pleure-t-elle ? » Réponse : elle pleure parce qu'elle a peur.

Nos a priori et nos prétendues connaissances nous ferment l'accès à la vraie rencontre de l'autre. Ce qu'on pense savoir de lui nous ferme à une vraie découverte.

**Craintes et désirs**

Ce sont le plus souvent nos craintes et nos désirs qui nous font interpréter la réalité. On voit avec ce que l'on est, avec ce que l'on croit savoir. Or, comme nous sommes tous différents, aucun de nous ne voit la même chose. C'est tout le problème des témoins qui ont assisté ensemble à un événement mais ne peuvent se mettre d'accord sur ce qui s'est passé. Chacun a vu son histoire. Je me souviens d'une de vos discussions au sujet d'un tissu turquoise : pour l'une il était vert, pour l'autre il était bleu. C'est toujours ainsi. Quand je parle avec ma sœur des souvenirs concernant notre mère, on pourrait difficilement croire que nous avons eu la même ! Mais était-ce bien la même ? Aucune de nous n'a vraiment vu la femme qu'était ma mère. Ma sœur a toujours vu sa maman, et moi la mienne.

La confusion est permanente entre ce que l'on voit, ce que l'on voudrait voir, et ce que l'on craint de voir. Une bonne illustration pourrait en être les mirages, ces images de points d'eau qui apparaissent dans le lointain aux assoiffés du désert. Toi qui as peur des araignées, tu as tendance à en voir partout. Hier encore, tu m'as appelée dans ta chambre. Tu voulais que j'ôte une « araignée » en haut du mur, car tu craignais qu'elle ne descende sur ton lit. Vu de près, l'objet de ta frayeur s'est révélé n'être qu'un minuscule papillon de nuit. Tu n'avais pas pris le temps de regarder, et ta peur avait tout de suite donné du sens à ce que tu apercevais. La prochaine fois, avant de m'appeler, pose-toi la question : « Que dit la vérité ? Est-ce que je vois une araignée ? Ou est-ce que je vois ma peur de voir une araignée ? » La question vaut, bien sûr, même si c'en est une vraie...

L'autre jour, nous parlions tranquillement, Ariane et moi. Quand tu es rentré dans la cuisine, nous nous sommes tues. Simple hasard. Mais aussitôt, tu as dit : « Vous parliez de moi ? » Nous t'avons répondu non. Nous as-tu crues ? Une autre fois, je me rappelle, nous parlions effectivement de toi. Tout bas, parce qu'il s'agissait de te faire une surprise. Ta sœur, qui t'avait acheté un petit cadeau, voulait savoir quand te l'offrir. Mais, tout de suite, tu as pensé que nous disions du mal de toi. Il y a des gens, ainsi, qui ne peuvent croiser des regards dans la rue sans les sentir aussitôt chargés de jugement. « Je sais que cette femme a pensé que j'étais mal habillée. » Alors que la femme en question avait certainement tout autre chose en tête. Que dit la vérité ? Quelqu'un dit ou pense une chose, et j'ignore laquelle. Parmi mille interprétations possibles, surgit celle qui nous convient : on parle de moi, on dit du mal de moi.

Scène habituelle, sous cette forme ou sous une autre, dans une famille d'au moins deux enfants. La mère dit à l'un : « J'aime beaucoup ta coiffure ce matin. » L'autre, immédiatement : « Pourquoi, moi je suis mal coiffé ? » La mère dit à l'un de ses enfants qu'elle l'aime. Les autres croient aussitôt comprendre qu'ils sont moins aimés. On entend ce qui n'est pas dit, on voit ce qui n'existe pas.

## Voir, cela s'apprend

Pourquoi est-ce que nous ne pouvons pas voir ce qui est ? Pour deux raisons principales. La première est que nous ne sommes pas prêts à l'accepter. Alors nous le remplaçons par autre chose, un désir, un souhait. En entrant brusquement dans la pièce, tu heurtes la table. Le vase tombe et se casse. « Oh, non, c'est pas vrai ! » Mais si, c'est vrai ! Le refuser ne changera rien. Des phrases comme « Si seulement ce vase avait été remis sur la commode ! » ne font encore que comparer ce qui a été à ce qui aurait dû être. Le réel, évidemment, est perdant. Et se lamenter n'aide pas à trouver une solution ou à agir raisonnablement. Ce vase est cassé, soit. Épongeons l'eau et ramassons les morceaux. Puis réfléchissons : peut-on le réparer ? En acheter un autre ? Décider pour le nouveau d'un autre emplacement ?

La seconde raison est que nous nous interposons en permanence entre ce qui est et ce que nous percevons. On s'approprie les événements. Au lieu de juste voir ce qui est, on voit ce qu'on aimerait ou ce que l'on craint qui soit. Par exemple, si un enfant doit rentrer de l'école à 5 heures et qu'à 5 h 10 il n'est pas rentré, sa mère va s'inquiéter. Elle va d'abord penser promenade, copain, marchande de bonbons, puis tout de suite après imaginer les pires catastrophes. Elle ne voit plus ce qui est, mais seulement ce qu'elle craint.

Alors apprendre à voir, c'est juste être capable de se dire : « Qu'est-ce qu'il se passe vraiment ? Quelle est la vérité, et quelle est la part de mon imagination et de mes peurs ? » Regarder, écouter, sans juger ni s'approprier. Être attentif aux autres et à ce qui nous entoure, sans trop nous y projeter. Regarder seulement, sans urgence. Avez-vous déjà pris le temps de regarder vraiment une fleur ou un rayon de soleil ? Certains ont la chance de posséder ce regard. Je me souviens d'avoir rencontré, il y a vingt ans de cela, un homme que je n'oublierai jamais. C'était un ancien moine qui, depuis qu'il avait quitté son monastère par amour pour une moniale, était devenu sculpteur. Nous étions à Boquen, en Bretagne, dans un monastère ouvert où des rencontres étaient organisées. L'une d'entre elles se passait dans une vieille salle, où le soleil entrait par la fenêtre. J'étais assise à côté de lui, au fond de la salle, et aucun de nous n'était passionné par ce qui se disait. Je le regardais à la dérobée, il regardait le mur, fixement. À la fin de la réunion, je lui ai demandé ce qui l'avait tant intéressé dans ce mur de pierres sèches. Il a souri et m'a montré : un clou planté dans le mur, un chapeau accroché, des ombres changeantes, des rayons de soleil où valsait la poussière… Pour lui seul, dans cette salle, un spectacle merveilleux avait été donné, dont il n'avait rien perdu.

Voir, c'est s'enraciner dans le présent. Si notre tête est ailleurs, nous ne voyons rien de ce qui est là. Si nous avons l'habitude de le voir, que notre regard est usé, nous ne le voyons plus non plus.

## Miroir, mon beau miroir…

Autre exercice, encore plus difficile, se voir soi-même. Depuis les anciens Grecs, nous savons bien qu'aller à la découverte de soi est le voyage le plus long et le plus exigeant. Je ne vais pas vous faire un cours de psychologie, mais juste vous encourager à l'honnêteté avec vous-mêmes. Que vous n'osiez pas dire ce qui ne va pas, ou ce qui vous envahit, soit. Mais dites-le-vous à vous-mêmes, sans tricher. Ce n'est pas en se voyant comme on est, avec ses manquements et ses défauts, que l'on se rabaisse, mais lorsque l'on se trompe soi-même. Se raconter que c'est la faute du prof si on est mauvais en histoire, ou celle de l'arbitre si on a perdu le match de rugby. L'estime de soi dépend de la capacité à se voir comme on est vraiment, en se leurrant le moins possible. Demandez-vous : « Pourquoi est-ce que je lui en veux à ce point ? » « De quoi ai-je peur en réalité ? » « Suis-je vraiment capable de faire ce que je dis ? » « Pourquoi est-ce que je me sens si triste ? » J'ai l'habitude depuis toujours, quand je réfléchis ainsi, de tout mettre par écrit. Cela m'aide beaucoup.

Bien des gens fonctionnent comme si les idées et les opinions pouvaient remplacer la réalité. Mais la réalité ne se discute pas, elle est. Et les idées empêcheraient plutôt de voir. Passer des heures à bavarder entre amis, refaire le monde en une nuit, c'est passionnant. Mais le lendemain matin, les problèmes du monde sont là où on les avait laissés. Voir ce qui est, le plus simplement possible, puis réfléchir à ce qui peut être fait. Et agir. On a volé la calculatrice de Raphaël au lycée. D'accord. Inutile d'épiloguer sur les élèves qui ne se respectent même pas entre eux, les parents qui laissent faire, le fait qu'elle était toute neuve, etc. Concentrons-nous sur ces seules questions : Que peut-on faire pour la récupérer ? Que peut-on faire si on ne la récupère pas ? Que peut-il faire pour que cela ne se reproduise pas ? Ne cherchez pas la faute, cherchez la solution.

## Émotions et opinions

Nos opinions, comme notre vision, sont subjectives. Alors ne nous y attachons pas trop. Quand les idées ne collent pas avec la réalité, ou quand elles ne mènent pas vers plus de bonheur intérieur, il ne faut pas hésiter à les remettre en question. Chercher ce qui est vrai, ce qui est réel, en tâchant de nous défaire des leurres ou des illusions qui sont autant de voiles entre le monde et nous.

Ne nous attachons pas trop non plus à nos émotions. Elles viennent, elles partent, elles nous font voir les choses sous un angle ou sous un autre. Le réel, lui, est toujours le même. Dans certains milieux, comme celui du théâtre, on ne vit que sur un mode hautement émotionnel : tout est génial, sublime, horrible, on s'adore ou on se déteste. Tout ressenti est forcé. Même loin de la scène, on est dans le jeu, pas dans la vie. C'est épuisant !

Tous les jours, des émotions nous envahissent. Colère, rancune, plaisir, déception, vexation, etc. Elles sont là, c'est une réalité. Elles peuvent repartir toutes seules, comme des vagues qui se jettent sur la plage, puis se retirent doucement. À condition de ne pas les entretenir, ni de ruminer afin de les amplifier. Ce sont les pensées qui entretiennent les émotions («Quand je pense qu'il n'est pas là, il a osé me faire ça, avec tout ce que je lui ai dit l'autre jour, moi qui lui faisais confiance… »). Quand on est dans l'émotion, on ne voit plus rien. Et comme nous sommes rarement neutres, nous ne voyons presque jamais rien. C'est l'émotion qui dirige la pensée, et le regard. Elle dicte parfois des actes ou des paroles que l'on regrette ensuite.

Ému : mû hors de soi, dans la colère, dans la réaction, dans la souffrance. Comment sortir de ce cercle et retrouver une paix intérieure ? Comment s'occuper de sa tristesse, de sa honte, de sa peur ou de son irritation ? En acceptant, d'abord, qu'elles soient là. Nous ne sommes pas parfaits et personne ne nous demande de l'être. Les émotions nous submergent sans annonce préalable et sans que nous l'ayons voulu. Ce n'est pas en essayant de les écraser ou de les extirper que vous vous en débarrasserez. Ce que l'on enfouit au fond de soi n'attend que la première occasion pour ressortir. La solution n'est pas non plus d'exprimer les émotions dans toute leur violence, sans souci de ceux qui sont là. Je suis mon émotion. Je reconnais sa présence, je respire, et j'essaie de transformer son énergie en quelque chose de positif. Plus je refuse l'émotion, plus elle s'incruste. Plus j'y pense, plus je la ressasse, plus j'en suis gênée, et plus elle se renforce, comme un feu où je rajouterais du petit bois. Inutile de se battre contre soi, mieux vaut s'en occuper avec douceur, comme d'un enfant parfois déraisonnable. Voyons l'émotion pour ce qu'elle est : ce n'est pas un tremblement de terre, ce n'est pas non plus la fin du monde, c'est juste un nuage qui, à un moment, remplit totalement notre champ de conscience.

Nous ne sommes pas coupables de nos émotions, mais nous en sommes responsables. Nous pouvons éviter qu'elles durent, tâcher de ne pas nous y complaire. Avec l'intention vraie que cet emportement dure le moins longtemps possible, nous avons une chance qu'elles disparaissent d'elles-mêmes, comme elles sont venues. L'instant suivant est un autre instant et nous pouvons le vivre différemment, dans un autre état d'esprit. Sauf si nous nous accrochons à notre rancune, à notre rage ou à notre peur, comme à une bouée qui nous fait vivre et nous donne du sens. Mais c'est une fausse vision. C'est lorsque l'émotion s'éloigne, que la compréhension de l'événement peut apparaître. Alors, ne vous y attachez pas. Laissez partir la déception ou la colère sans les retenir, sans croire qu'elles vous définissent ou vous donnent de l'importance. Demandez-vous : « Que me dit mon émotion ? Que me dit la vérité ? » L'émotion est exil ; la paix nous ramène à nous-mêmes.

### Les petites misères

Je vous ai longuement parlé du regard. Comprenez bien pourquoi. Voir le positif, voir et accepter ce qui est, c'est un chemin pour être heureux, de plus en plus profondément. Si vous comprenez combien votre regard et les opinions qu'il engendre sont subjectifs, alors vous ne défendez plus vos points de vue de la même façon. Vous laissez une place à l'autre, si possible la même que la vôtre. Car lui aussi a son regard, ses opinions, et elles valent les vôtres.

Voir simplement, sans comparer à ce qui devrait être, est la clé essentielle. Celle qui ouvre le cœur.

Apprendre à voir, c'est s'ouvrir à la beauté ineffable du monde. Mais c'est aussi cesser de perdre son temps et sa joie en vaines inquiétudes, en vieilles rancunes, en disputes récurrentes, en soucis imaginaires et en regrets qui ne reposent sur rien. N'êtes-vous pas déjà las de toutes ces petites misères, jalouses et mesquines, qui viennent nous cacher le soleil ? On n'a pas assez de temps pour tout cela. S'il fallait continuer à leur donner tant d'importance, où mettrait-on l'amour, la simple joie de vivre ?

# Tout passe, tout change

*« Il n'est de permanent que le changement. »*

HÉRACLITE

*« Devant toute chose, n'aie point de joie et n'aie point d'affliction, car les choses ne sont point éternelles. »*

AVERROÈS

La chanson d'Hallyday («Car tout passe, et tout casse, et tout lasse ; le plaisir, le désir se diluent dans l'espace... ») résume assez bien un aspect de la réalité de la vie. Elle fait écho à la phrase d'Héraclite, vieille de deux mille cinq cents ans. Rien de ce qui nous entoure, rien de ce que nous pouvons construire, rien de ce que nous sommes n'est à l'abri du changement. Il y a évolution ou destruction. Tout ce qui est né mourra. Même ce à quoi nous tenons. Mais l'autre face de cette réalité, c'est que, si tout change, les difficultés passent aussi et les moments de joie reviennent. Il y a le crépuscule, puis il y a l'aube.

Que tout ce qui a eu un début aura une fin est une vérité difficile à entendre. On voudrait nier la mort, on voudrait trouver des exceptions. Mais où ?

Regardez attentivement un arbre, un pommier par exemple, sur plusieurs saisons. Il n'est jamais deux jours de suite le même. Croissance, feuilles nouvelles, fleurs, fruits, chute des feuilles, jours de pluie ou de sécheresse. Chaque jour, chaque heure, il est différent : une pomme a grossi, une feuille est tombée, une branche s'est cassée. Puis un jour, il meurt. On le coupe pour brûler les bûches dans la cheminée. Le ciel est-il durant deux secondes le même ? Non : le vent tourne, les nuages changent de forme, le soleil se déplace. Une montagne alors ? Même pas : elle s'érode, lentement mais sûrement, au fil des siècles. Comme le disait encore Héraclite : « On ne descend jamais deux fois le même fleuve. »

*« Ô temps, suspends ton vol ! et vous, heures*
*[propices*
*Suspendez votre cours !*
*Laissez-nous savourer les rapides délices*
*Des plus beaux de nos jours ! »*

Nous sommes tous, comme Lamartine, à vouloir figer le temps. Mais croire que cela est possible est une illusion, un mensonge. Dire à quelqu'un que l'on n'a pas vu depuis longtemps « Tu n'as pas changé » est soit une formule de politesse, soit une rapide approximation. Nous changeons sans arrêt. Cela nous frappe davantage chez les enfants, qui grandissent rapidement, et les personnes âgées, qui prennent de temps à autre « des coups de vieux ». Mais c'est vrai de tous, toujours. Il ne se passe pas un matin sans que mon miroir me renvoie l'image d'un nouveau cheveu blanc, d'une ride qui s'est creusée. Comme je signalais un jour à Gabriel cette marque du temps sur son visage (son front se dégarnissait peu à peu), il m'a fait cette réponse merveilleuse : « Il faut bien commencer à se désincarner ! » Vous, c'est la jeunesse qui fait de vous des hommes et des femmes, et vous métamorphose.

Au-delà de ces changements évidents au fil du temps, d'autres sont plus subtils. C'est à chaque instant que nous changeons. On change d'avis, on change d'idées, on change d'état d'esprit. « Mais il y a deux minutes, tu m'as dit que tu voulais une tasse de thé ! » « Oui, mais j'ai changé d'avis, finalement je n'en veux pas. » Tu rentres dans la cuisine d'humeur boudeuse, puis, parce qu'un copain te téléphone, te voilà enjouée, rieuse. Je te demande de mettre la table, et à nouveau te voilà contrariée. La couleur du ciel vire au violet, et te voilà surprise. J'annonce que je fais des crêpes, et tu sautes de joie. À chaque minute, tu changes. Celle que tu étais a disparu, une autre est là, qui te ressemble mais qui n'est pas la même.

Je mourrai, vous aussi, « quand nous aurons fini de vivre », disait joliment Françoise Dolto. Mais la mort ne se résume pas à l'instant où le cœur cesse de battre. Celle-ci n'est qu'une parmi d'autres, plus radicale, évidemment, pour le sujet. Tout ce qui est là changera, tout ce qui est venu s'en ira, à court ou à long terme, d'une manière ou d'une autre. C'est la loi dans notre monde. Vous savez déjà qu'il n'est pas un serment, pas une idée, pas une émotion, pas un amour qui ne finissent par évoluer, donc disparaître dans leur forme première. Il m'est déjà arrivé de vous faire des promesses que je n'ai pas pu tenir, parce que les conditions n'étaient plus les mêmes au moment de tenir qu'au moment de promettre. Mercredi dernier encore, j'avais promis de vous emmener au cinéma. Mais la voiture n'a pas démarré, et l'heure de la séance est passée. Les jeunes mariés font serment de s'assister et de se chérir « jusqu'à ce que la mort les sépare », mais un mariage sur trois se termine par un divorce. Bien d'autres choses meurent avant eux : leur passion, leur patience, leur désir de construire ensemble, etc.

Tout le monde sait cela, et tout le monde feint de l'oublier. Nous vivons en permanence comme si le monde était stable et nous, immortels. Nous nous engageons pour celui ou celle que nous serons dans un an et que nous ne connaissons pas encore. Nous exigeons de l'autre de la constance (et il faut bien, car comment vivre autrement?). Nous voudrions garder ce que nous possédons, les gens que nous aimons, figer la vie dans son élan. Mais cela ne marche jamais. Que ces changements permanents nous plaisent ou non importe peu : ils continueront et nous devrons apprendre à nous en accommoder. La fille, rencontrée en vacances et qui avait promis de t'écrire, t'a déjà rangé au rayon des souvenirs. La maison de mon enfance a été détruite pour laisser la place à un supermarché. Les petits poissons de ton aquarium, si guillerets à leur naissance, sont tous morts en quelques jours sans que tu puisses rien y faire. Mais il y a eu aussi cette soirée d'hier, commencée dans la mauvaise humeur et qui s'est achevée dans les rires; cette bronchite dont tu as su guérir. À tout moment, il y a « quelque chose qui meurt et a peur de mourir, quelque chose qui naît et qui a peur de naître ».

Déception, frustration, tristesse. Rien n'est stable, il n'y a que le devenir. Nous lions notre bonheur et notre malheur à des réalités sur lesquelles nous ne pouvons absolument pas compter. Il est si difficile d'accepter cette loi du changement permanent quand elle nous ôte ce à quoi nous tenions. Mais, d'une part, c'est aussi elle qui nous assure que les mauvais moments finiront. D'autre part, elle ne nous dispense nullement de tenter d'être fidèles à nous-mêmes et aux autres, de tenter d'être fiables et de tenir nos engagements. Cette loi n'est en aucun cas une excuse à notre faiblesse ou un alibi pour nos manquements. Elle n'est pas une raison pour tout laisser filer : « Oui, je suis devenue nulle en allemand, mais, tu sais, tout change ! » ou « Tant pis pour les éléphants s'ils sont exterminés, tout change ! » Faites tout ce qui est en votre pouvoir pour protéger ce qui compte à vos yeux. Mais, lorsque vous êtes impuissants, acceptez ce que la vie vous ôte. Et remerciez pour ce qu'elle vous offre.

### « Les plaisirs, les désirs se diluent dans l'espace... »

Jamais contents, jamais totalement satisfaits. C'est comme si nous étions toujours en retard de quelques désirs pour être vraiment heureux. « Ah, si j'avais... (une copine, un jean à la mode, un sac de marque, trois kilos de moins, trois ans de plus, quinze en maths, un million à la banque, etc.), alors là, oui, sans aucun doute... » Mais c'est faux, et nous le savons tous. Une fois qu'un désir est satisfait, il ouvre la porte à un autre, immédiatement. Il engendre aussitôt une insatisfaction. Une petite fille rêve d'une poupée mannequin. Elle la reçoit pour Noël. Elle est ravie un moment. Mais très vite, cela crée un désir de vêtements pour la changer, d'accessoires pour occuper le jeu, d'une autre poupée pour lui tenir compagnie, d'un mari avec ses propres vêtements, etc. Les fabricants connaissent parfaitement ce mécanisme. Toute la publicité est là pour créer en nous des désirs que nous prenons pour des besoins, et qui créeront à leur tour de nouveaux désirs.

On envie ce qu'a l'autre, mais, lorsqu'on le possède, il perd son pouvoir magique de séduction. Tu veux les chaussures qu'ont quelques-uns des garçons de ta classe. Elles sont à la mode, elles coûtent cher, elles « classent » quelqu'un. Tu leur prêtes le pouvoir de te rendre plus sûr de toi et plus séduisant. Mais, une fois que tu les as aux pieds, tu réalises que la mode a déjà changé et qu'il faut autre chose qu'une paire de chaussures pour se sentir intégré. Plutôt que de pousser la réflexion sur un terrain délicat, cette fois c'est un blouson que tu vas réclamer.

Platon explique parfaitement ce mécanisme. Être heureux, c'est avoir ce qu'on désire. On désire ce qui manque, ce qu'on n'a pas. On désire ce que l'autre a. Or satisfaire un désir échoue à donner le bonheur. D'où une fuite en avant, de désir en désir, de satisfaction en insatisfaction. Cela commence très tôt. Je vois cela en crèche très souvent. Il y a un groupe d'une dizaine d'enfants. On sort des jouets en grande quantité. Tous existent en plusieurs exemplaires, sauf un trousseau de clés en plastique, exemplaire unique. Les enfants vont se bagarrer pour la possession de cet unique objet, délaissant les autres, qui, ne manquant pas, ne suscitent aucun désir. Si, le lendemain, on rachète dix trousseaux de clés identiques au premier et qu'on les donne tous aux enfants, leur intérêt ne durera qu'un bref moment, puis ils passeront à autre chose. Encore un mécanisme que les industriels connaissent bien : pour susciter l'envie, créer la pénurie.

On ne désire que ce qui nous manque. Mais on est en permanence, sauf durant quelques rares moments de sérénité, en manque de quelque chose. Qui peut dire qu'il ne lui manque rien, qu'il ne désire rien, qu'il n'a aucun vœu à formuler? Faute de s'interroger sur ce manque fondamental, si difficile à combler, on préfère tenter de se satisfaire de choses plus accessibles.

Mais les désirs passent, les possessions lassent, et tout cela ne suffit pas à nous rendre durablement heureux. Qu'est-ce qu'une vie orientée tout entière vers l'accumulation et la satisfaction toujours reportée de désirs sans cesse nouveaux? Qu'est-ce qu'une vie où il faut être performant, rentable, à la mode? Ce dernier désir à lui seul en engendre une infinité d'autres : la mode change tous les trimestres. Voulons-nous de ce monde qui pousse sans cesse à la consommation de produits nouveaux, et qui nous contraint de croire que l'avoir et le faire l'emportent sur l'être? Pas question pour autant de valoriser une vie triste, privée des mille petits plaisirs que la vie nous offre. La question est plutôt de savoir où nous les trouverons.

Ce que vous désiriez le plus hier, comme être jongleur, avoir des lits superposés ou adopter un chien, a perdu toute valeur aujourd'hui. D'autres demandes ont surgi. Prenez parfois le temps d'observer ce mécanisme. Nous ne désirons et n'accordons de valeur qu'à ce qui nous manque. Une fois acquis, cela ne manque plus et perd donc tout intérêt. Alors que la seule sagesse consisterait à désirer ce que nous avons là et qui, bien souvent, suffirait à nous combler.

Je me rappelle ce repas de fruits de mer, sur une terrasse, face à l'océan. Pendant tout le repas, tu n'as parlé que de ton désir de partir en Espagne aux vacances suivantes. Je t'ai arrêté un moment pour que tu voies, que tu goûtes, que tu sentes, tout ce plaisir qui était là, présent. Tout entier à ton manque, tu oubliais d'être simplement heureux de cet instant magnifique. Le bruit des vagues, les embruns, les crabes, tout ce que tu adores et désires le reste de l'année, existaient moins pour toi en cet instant-là que ce qui était absent.

Cette ronde de désirs est un leurre lorsqu'elle promet le bonheur. Il faut le vivre pour le voir. Mais ne renoncez pas à aller au bout des désirs forts qui vous habitent. Certains désirs se transforment progressivement en véritables projets : il existe des vocations personnelles, professionnelles ou spirituelles qui portent toute une vie. Il y a des objectifs puissants qui donnent un sens à toute une existence. À vous d'être lucides, perspicaces, et de savoir dans quoi vous vous engagez.

Ne renoncez à rien. Mettez-vous debout et avancez sur votre route. Mais ne sacrifiez pas la simple joie de ce qui est là, accessible. N'oubliez pas le plaisir de ce qui est présent, et qui vous manquerait si vous ne l'aviez pas. Des choses aussi simples qu'un bon bain ou le pain frais sur la table.

**Tout passe sauf le souvenir**

Bien sûr, même les souvenirs s'érodent et ceux qui les détiennent meurent. Mais c'est pourtant dans la mémoire des hommes que l'humanité demeure. De génération en génération, se transmettent des récits, des chants, une histoire. Des événements dont il est important de garder une trace, ou juste des souvenirs personnels qu'il est si doux de se remémorer parfois. Quand vous êtes nés, me sont remontées à la mémoire des images de ma petite enfance et des chansons dont j'étais bercée. C'était une sorte d'hommage à ma grand-mère, morte quand j'avais cinq ans, de vous caresser doucement en fredonnant les berceuses de sa région.

Ne pas oublier est parfois un devoir. C'est la fidélité que l'on doit à ceux qui nous ont aimés ou qui se sont battus pour notre liberté. L'horreur aussi doit rester dans les mémoires. Même si, malheureusement, cela n'empêche pas la récidive, cela crée un sentiment de vigilance qui ne doit pas nous quitter. « Plus jamais cela » devrait être, pour chacun de nous, autre chose qu'un slogan. Se rappeler, devenir plus riche à chaque expérience et tirer les leçons de ce qui s'est passé, c'est ainsi que l'on avance individuellement, et peut-être, je l'espère, collectivement.

Nous sommes éternels parce que ceux qui nous aiment gardent en eux notre empreinte. Vous riez lorsque vous m'entendez commencer une phrase par « Comme disait ma grand-mère… » et poursuivre par un dicton issu du bon sens paysan. Mais je me souviens encore du jour où je t'ai entendu dire à une copine « Comme disait mon arrière-grand-mère… », laquelle est morte plus de vingt ans avant ta naissance ! De ma propre mère j'ai tant appris, de la recette des tomates farcies à la manière de faire des doubles rideaux, de la patience tolérante au bonheur des promenades en forêt, de chanter pour passer de la peine au courage face à la douleur, de l'amour de l'écriture à l'art d'être maman, que sa présence ne s'effacera jamais. À travers moi, c'est vous qui serez demain les dépositaires de sa mémoire, puis de la mienne, et de celle de vos ascendants. Nul besoin de cimetière. L'autre est présent, tranquille dans un coin de mon cœur et, loin de m'encombrer, il agrandit mon espace intérieur.

Se souvenir n'est pas s'abîmer dans le passé. La nostalgie qui nous fait penser que « c'était bien mieux avant » n'est rien d'autre qu'un refus de vivre ce qui est là. « Le bon vieux temps » n'était souvent pas si bon que cela. Nous comparons un temps que notre mémoire a transformé, et souvent embelli, à une réalité qui nous semble trop rude. Le souvenir d'avant est là pour enrichir notre présent et nous rendre plus sages. Il s'inscrit dans notre espace personnel, à l'abri des aléas. Il y a un temps intérieur qui est bien différent du temps de la montre. On n'habite pas le passé, car c'est prendre le risque de sombrer dans la mélancolie. On habite pleinement un présent qui doit beaucoup à ce qui l'a précédé. Le passé n'existe plus, seules ses traces actuelles subsistent. Rendre grâce (ou s'attrister) de ce qui a été, mais être tout entier dans la joie de ce qui est là.

### … Sauf la solitude

On ne peut être que soi-même, et ces limites-là nous condamnent à la solitude. L'autre, tout autre, est confiné dans ses propres limites. Seules des passerelles peuvent se tisser, toujours fragiles et dont nous devons prendre soin. Elles se nomment amitié, amour, compassion, solidarité, confiance. Admettre que l'autre est un autre, différent de moi, implique que jamais il ne me comprendra parfaitement ni ne fera un avec moi. Nous avons tous rêvé d'être avec l'autre (pas n'importe lequel !) dans une fusion où tout ce qui serait soi serait elle (ou lui), où nous n'aurions rien à dire pour nous comprendre totalement et où la confiance serait sans limites. Les psychologues voient dans ce désir une nostalgie de la toute première relation, si comblante et si tendre, qui nous a unis à cet objet d'amour primordial qu'est la mère pour le nourrisson. Même si certaines rencontres ont parfois ce parfum-là, elles ne font que nous aider à supporter la solitude et, le plus souvent, finissent par nous y renvoyer.

Même si nous sommes entourés d'amis, d'amour, d'amants, une part de nous reste seule. Car cette solitude-là n'a rien à voir avec l'isolement. On peut, c'est même une expérience fréquente, se sentir seul au milieu d'une foule anonyme, ou bien lors d'une fête amicale. Même ce que vous vivez auprès des gens que vous aimez, vous le vivez seuls. Eux ont une autre expérience d'un même événement, parce qu'ils sont différents de vous et ont une autre histoire. On parle ensemble, on échange, mais jamais les mots ne seront suffisants pour compenser cette radicale altérité. Personne ne peut vivre à votre place, aimer pour vous et vous dispenser de manger. Toute mère, quand son enfant souffre, donnerait tout pour lui épargner cela et souffrir à sa place. Mais son impuissance est totale. On aide autant qu'il est possible, mais personne ne peut souffrir à la place de l'autre. Au dernier instant, c'est seul que l'on tire son chapeau et que l'on quitte la scène.

S'accepter dans sa solitude ne veut pas dire se couper des autres. Il s'agit d'abord de savoir vivre avec soi et d'être son meilleur ami. Se traiter alors avec douceur, respect, exigence mais gentillesse. Être en sa propre compagnie, dans le silence, n'a rien d'angoissant et bien souvent délasse. On reprend des forces, on peut retrouver le calme et la profondeur. Finalement, c'est ainsi que l'on apprend à vivre avec l'autre, sans trop de dépendance ni d'ascendance. Ces moments choisis de « rendez-vous avec soi » apprennent à s'accepter et à accepter l'autre comme un autre, plus ou moins proche de soi, si semblable et si différent à la fois. S'aimer soi-même (ce qui n'a rien à voir avec l'orgueil ou la vanité) et risquer l'aventure intérieure, c'est un premier pas pour apprendre à aimer et comprendre les autres.

L'isolement peut être très pénible lorsqu'il n'est pas choisi et qu'il semble nous couper du monde des humains. Les jeunes, surtout, ont besoin d'un groupe de pairs qui les aide à se construire et les protège. La solitude de l'adolescent est un danger, et fait naître une angoisse des plus terribles qui cesse lorsque apparaît l'ami. La solitude qui est notre condition intrinsèque demeure, elle, dans toutes les situations et à chaque instant de notre vie.

Plus encore que l'isolement douloureux qui semble gagner ces sociétés où l'on vit pourtant les uns sur les autres (80 % des Français habitent en ville), m'inquiète cette culture qui craint tant la solitude et le silence. Combien de jeunes ne peuvent plus lire ou travailler sans le fond sonore de la radio ou du baladeur ? Combien d'entre nous dont le premier geste en rentrant est d'allumer le téléviseur, même s'ils ne s'installent pas devant ? Combien branchent la radio à peine assis dans leur voiture ? Chaque fois il s'agit de fuir l'impression de solitude en s'entourant de voix, d'images ou de musique. Et de n'être plus jamais à l'écoute de soi-même.

Tout passe, pourtant cette solitude de l'être humain demeure. Elle est le jardin secret qu'il appartient à chacun de cultiver. En avoir conscience n'est pas un drame, mais une donnée (et une richesse) de notre humanité. À chacun de vous de la reconnaître sans la craindre ni la fuir, et de vous en faire une amie qui, loin de vous isoler, vous enseigne comment entrer en relation. Car nous avons tous besoin de l'autre. Savoir aller à sa rencontre en dépassant jugements et craintes. Il nous faut savoir être à son écoute, dialoguer, savoir s'ouvrir à une intimité qui réchauffe le cœur.

### ... Sauf le changement

Cela ressemble à une banalité, mais elle mérite que l'on s'y arrête encore un moment. Ce que je suis, ce que je pense, ce que je ressens, change de minute en minute. C'est vrai de tout et de tous. C'est pourquoi la seule chose stable sur laquelle on puisse s'appuyer est la certitude de ce changement. C'est très dur à admettre lorsqu'il s'agit de ce à quoi l'on tient. Vient toujours un moment où ce qui était (une amitié, un temps ensoleillé, un moment de plénitude...) n'est plus. On regrette, on pleure, on a la nostalgie du passé. On est malheureux parce que l'on voudrait que le bon dure toujours. Combien de fois entend-on autour de soi que les enfants grandissent trop vite, que les vacances ne devraient pas être déjà finies, que la retraite vient trop tôt, qu'on ne devrait pas cesser d'aimer ? On voudrait figer l'agréable. Chaque fois que l'on refuse les changements, la souffrance est là. On accepte d'évoluer d'instant en instant (les pensées et les émotions, par exemple, se poursuivent en se chassant l'une l'autre), mais on refuse ce même droit au monde et à ceux qui nous entourent. On les voudrait fixes, stables : au moins, on saurait à quoi s'attendre ! Mais ce qui était n'est plus, et ce qui est aujourd'hui un jour ne sera plus. Mais ce jour n'est pas forcément pour demain. Il prendra parfois une vie ou un million d'années à venir. Nos amours et nos projets ont encore de beaux moments devant eux !

Il s'agit de laisser les choses arriver, être, puis repartir, lorsque vous ne pouvez plus rien pour les retenir. Laisser naître, laisser évoluer. Mettre toutes vos forces pour essayer que le présent et l'avenir ressemblent à ce que vous voulez en faire, toute votre énergie pour préserver ce qui vous est cher, mais accepter lorsque la vie vous le refuse.

« Fais-moi la grâce de n'être pas triste. Tout passe. » (Rodis Roufos) Rappelez-vous que la pire anxiété, le plus gros chagrin, les terribles ennuis, les moments de cafard, les mois pluvieux, parce qu'ils ont commencé, finiront. Soyez fidèles, mais ne vous agrippez pas. D'autres bonheurs vous seront donnés si vous ne vous crispez pas sur ceux qui ne sont plus. Il y a dans cette idée un formidable soulagement et une promesse de liberté. Tout change tout le temps, cela veut aussi dire que nous ne sommes jamais piégés, ni seuls face à un mur. Si cela va mal aujourd'hui, je peux légitimement espérer que cela ira mieux demain. Tout n'a qu'un temps, le meilleur comme le pire. Alors laissez vivre ce qui est et participez pleinement à ce que la vie vous donne. Parfois, cela paraît inacceptable ou incompréhensible. Mais le plus souvent, c'est seulement nous qui sommes incapables de comprendre.

Lors d'un travail scolaire sur les contraires, ta voisine avait placé : « La vie et la mort ». Tu lui as expliqué que la mort était le contraire de la naissance et non de la vie. C'est effectivement une notion essentielle. Si tout change, tout ce qui naît, meurt. Une émotion, l'étoile, ton chien, et nous comme le reste. Mais la vie, elle, ne meurt pas. Se fondre en elle, c'est toucher à l'immortalité.

### Reste le présent

Le présent, lui, est toujours là. Même s'il n'est jamais le même, il se manifeste là, à portée de nos sens, de notre main et de notre intelligence. Toujours changeant, toujours nouveau, toujours passionnant. Soyez à l'écoute du monde. C'est le roman de votre siècle : avancées scientifiques, recherche, jeux diplomatiques, hommes remarquables, pays différents, technologies modernes, protection de la planète, aide aux plus démunis, idées nouvelles. Les enjeux sont énormes. Soyez partie prenante, au moins des témoins vigilants, au mieux des acteurs de l'histoire des hommes. Soyez aussi à l'écoute de votre monde, ouverts et attentifs. Les soucis ou les joies que traversent ceux que vous aimez, le moineau qui installe ses petits dans le nichoir, le silence profond de certaines nuits d'hiver, les changements subtils de votre vie. Votre existence est passionnante. Aller à la rencontre de ce qui est là, y compris à la rencontre de soi-même, ce n'est jamais banal ou ennuyeux. Ce n'est jamais vide. Apprenons à nous défaire du regard qui survole et qui juge, pour celui qui va chercher la richesse en chacun et l'intérêt ou le merveilleux en tout.

Qu'avons-nous d'autre que le présent ? C'est toujours là, et là seulement, que nous vivons. Toute action, toute joie ou toute crainte, tout projet ou tout choix, toute pensée ou toute émotion ne peuvent se vivre qu'au présent. C'est notre huis clos, notre unité de vie. Nos souvenirs, c'est aujourd'hui que nous les revivons. Hier est disparu pour toujours. Tout ce qui est à venir, c'est maintenant que nous le souhaitons ou le redoutons. Demain n'est pas, demain n'existe pas (quand il sera là, il ne sera plus demain mais aujourd'hui). Seule existe l'idée présente que nous nous faisons de demain, et la manière dont nous le préparons. Mais même la seconde à venir peut se révéler différente de ce que nous avions prévu. Tout nous échappe, quels que soient nos efforts. Alors inutile de passer trop de temps à ressasser ou regretter ce qui n'est plus, à s'inquiéter de ce qui n'est pas encore. Le souci est un gâchis de temps et d'énergie. Faisons ce que nous devons faire, mais laissons une place à la disponibilité et à l'inconnu. Et plongeons « corps et âme » dans le présent.

La question à se poser est : « Comment tirer le maximum de profit (de joie, d'expérience, d'intérêt) des instants qui s'offrent à moi ? » Tu me dis souvent que certains professeurs t'ennuient. Tu vas à leur cours parce que tu y es obligée. Une fois là, tu rêvasses, tu écoutes d'une oreille, et tu t'ennuies en attendant la sonnerie qui te libérera. Comment ne pas perdre cette heure précieuse ? Comment la mettre à profit ? En écoutant de tes deux oreilles (malgré l'ennui) pour éviter une révision ultérieure ? En réfléchissant au sujet de ta prochaine dissertation ? En tâchant de comprendre, quitte à poser des questions, de quoi le professeur parle ? En jouant au morpion avec ta voisine ? En réfléchissant sur l'urgence et la nécessité d'une prochaine réforme pédagogique ? À toi de voir. Mais investis-toi pleinement dans ce que tu fais : tu ne t'ennuieras plus. Chaque instant est un cadeau dont tu peux jouir, même ceux qui te sont imposés. Même ceux qui te semblent d'emblée les plus désagréables. Prends le gouvernail de ta vie et choisis d'être là. Ta vision changera.

Dans la réalité, il est impossible de vivre ailleurs que dans le présent. Pourtant nous ne cessons de le faire mentalement. Apprécier pleinement chaque moment et chaque circonstance de la vie, c'est une forme d'équilibre. « Si aujourd'hui nous ne sommes pas gais, quel jour devrons-nous attendre pour l'être ? » se demandait déjà le Chinois Zao Wou-ki deux siècles avant notre ère. Le plaisir ne se trouve que dans l'instant qui est là : pourquoi s'en priver ? Comme la fleur se tourne vers le soleil, nous pouvons trouver une dimension d'amusement ou d'intérêt dans les plus petites choses qui forment notre quotidien. Jamais blasés. Comment le serions-nous puisque chaque instant est nouveau, chaque coucher de soleil différent et chaque problème un nouveau défi ? C'est ce regard-là qui permet de jouir d'une vie plus plaisante et plus riche. Tu n'aimes pas faire ton lit et pourtant il le faut : pense à ta chance d'en avoir un, pense au plaisir de t'y glisser ce soir. Ranger la table ? C'est donc que l'on a mangé à sa faim. Faire une version latine ? Pense à ces enfants des pays du tiers-monde qui donneraient tant pour aller à l'école, pense à tous ces empereurs et citoyens romains dont tu cultives le souvenir…

Chaque action peut posséder une dimension de plaisir : c'est une question d'attitude. Je pense à Michel qui, à la suite d'ennuis de santé, a dû tout à la fois se remettre à faire de l'exercice physique, suivre une formation pour un nouveau métier et prendre davantage soin de son alimentation. Il témoigne aujourd'hui de sa joie à courir le matin, de son plaisir d'apprendre et du goût qu'il a développé pour les légumes crus. On adapte les moyens au but poursuivi. Mais le bonheur est aussi dans les moyens et dans chaque étape. Ce n'est pas « Souffrez, vous serez récompensés plus tard » ou « En attendant des jours meilleurs », mais « Jouissez de chaque instant en marchant vers votre objectif ».

Puisque seul le présent le plus bref nous appartient, celui qui est ici à chaque instant, ne le gâchons pas pour un hypothétique avenir. Tâchons d'en être dignes et de lui faire bon accueil. Prenons le temps de lui sourire. Plus nous savons vivre et apprécier l'instant, plus notre vie est positive et agréable.

Oui, tout change, tout finit par disparaître ou mourir, et pas de la manière ni au moment où nous le souhaiterions. Vous trouvez bien souvent la vie absurde et cruelle. Mort de la jolie Vanessa à huit ans d'une maladie de cœur, chasseurs qui tuent à plaisir les biches alentour, mort d'un ami malade du sida, ville presque détruite par un tremblement de terre, grand-mère qui s'enfonce dans une maladie d'Alzheimer, éléphants abattus depuis des hélicoptères, folie guerrière des hommes… Cette souffrance, ces horreurs, vous m'en demandez la raison. Mais je ne la connais pas. Le monde oscille entre plaisir et effroi. Vous parler du bien et des merveilles, ce n'est pas difficile. Mais, avec le mal, je rencontre mes limites. Je ne peux que vous avouer combien votre révolte trouve écho en mon cœur. Les religieux et les philosophes proposent des réponses : écoutez-les et voyez si elles vous aident à vivre, à faire de votre vie quelque chose de beau. Moi, je reste dans l'incompréhension et le mystère. Ce choix est l'ultime liberté de chacun.

# Vivre, c'est difficile

*« Ce n'est qu'un petit trou dans ma poitrine, mais il y souffle un vent terrible. »*

Henri MICHAUX

*« Dieu n'impose à chaque homme que ce qu'il peut porter. »*

Le Coran

Si je vous dis seulement que la vie est belle, vous ne m'écouterez plus. C'est vrai qu'elle est aussi cruelle. Chacun en a trop souvent fait l'expérience pour lui-même. Et si vous avez un doute, branchez-vous sur les informations. Massacres, pauvreté, accidents, guerres, maladies, vous serez vite fixés. Et si vous échappez à tout cela, la mort vous rattrapera quand même. Oui, comme l'écrivait Maeterlinck, « si j'étais Dieu, j'aurais pitié du cœur des hommes ».

La vie est aussi profondément injuste. On dit communément : « Ce sont toujours les meilleurs qui s'en vont. » Une femme me racontait récemment qu'après avoir traversé dix ans d'une vie difficile d'épreuves et de souffrances, elle avait enfin rencontré un homme merveilleux. L'amour, un bébé, le bonheur… Cet homme est mort dans ses bras trois ans plus tard, d'un cancer généralisé. « Ce n'est pas juste ! » Non. Mais la vie ne l'est pas.

Il y a des existences qui semblent une suite ininterrompue d'événements et d'épreuves, quand d'autres paraissent toutes lisses. Mais ne nous hâtons pas de prendre parti pour celle qui nous semble la meilleure; le choix n'est pas si simple. Les apparences sont trompeuses, et le pire est parfois ce vide terrible qui envahit certaines vies.

Certains enfants naissent beaux, en bonne santé, de parents aimants. D'autres ont dès le départ des handicaps génétiques ou psychologiques dont on se dit qu'ils auront bien du mal à se relever. « Pourquoi est-ce à nous que cela arrive ? » « Pourquoi moi ? » Ces temps-ci, il vaut mieux vivre à Bordeaux qu'au Rwanda. Petite fille, il vaut mieux naître à Oslo qu'à Kaboul ou dans la province chinoise. Pour louer un appartement à Paris, il vaut mieux avoir l'accent de Neuilly que celui de Cotonou. Toutes les vies sont difficiles, et certaines beaucoup plus que d'autres. C'est injuste.

Tout ceci est important, mais relève de l'apparence. La plus grande difficulté de la vie n'est-elle pas tout simplement de l'accepter ? On nous a mis au monde sans que nous le demandions. Enfant désiré ou non, plus ou moins voulu, au creux du mystère qui préside à chaque conception et chaque naissance, nous sommes là. Avons-nous reçu assez de tendresse et d'amour pour pardonner ? Car c'est à tout moment que nous devons faire le choix de vivre. Dès la naissance, la réalité s'oppose à nos désirs et à nos plaisirs, nous plaçant dans une insatisfaction permanente. Pour faire face, chacun va devoir développer un désir de vivre qui lui sera propre, sachant que les aléas de l'existence se chargeront parfois de le faire vaciller.

L'adolescence est l'âge de toutes les restructurations et de toutes les difficultés à vivre. Le corps se modifie brusquement et ne se ressemble plus. Il faut accepter de changer, dans une insécurité totale, tous ses repères, c'est-à-dire lâcher ce que l'on avait sans savoir ce que l'on trouvera. Aménager cette nouvelle distance avec ses proches entraîne un bouleversement émotionnel intense. Le jeune se veut autonome, mais sans être bien convaincu d'en avoir les capacités. Rester un enfant auprès de ses parents est impossible, mais, pour partir, il lui manque des clés (une confiance en lui, un savoir-faire) qu'il ne sait comment se procurer. D'où, chez tous, des moments difficiles. L'impossibilité à mettre en mots donne la parole au corps : problèmes de sommeil, maux de tête ou de ventre, larmes, humeur changeante. Chez d'autres, ce sont les passages à l'acte qui tiendront lieu de langage ou d'appels. Tous les adolescents sont traversés par ces troubles et ces remaniements psychiques. Mais tous n'ont pas, loin de là, les mêmes ressources pour y faire face. À ceux qui n'ont pas reçu l'équipement nécessaire pour s'en sortir, il faut offrir une écoute, un soutien et une aide. Lorsque l'envie de vivre et d'être heureux se trouve en butte à des forces destructrices venant de soi et de l'autre, il est parfois trop dur de s'en sortir seul. La difficulté de vivre, c'est aussi le devoir de prendre en charge un désir existentiel que nous devons faire nôtre, au risque de ne jamais nous ancrer suffisamment dans la légitimité d'être.

Puis on grandit, ce qui fait paraître la douleur plus petite.

## Sida et couche d'ozone

Vivre dans un pays occidental riche offre quelques facilités apparentes. La plupart des habitants ont de quoi manger, un toit sur leur tête, la possibilité de s'instruire. On pourrait croire qu'il est plus facile de vivre ici qu'ailleurs. Mais c'est seulement le type de difficultés qui s'est déplacé. La France vient en tête de tous les pays pour la consommation de tranquillisants, ce qui ne témoigne pas d'une grande joie de vivre individuelle. Soit ses habitants sont vraiment plus malheureux que les autres, soit ils ne supportent plus la moindre douleur morale.

D'autres problèmes ont surgi, d'autres sources d'angoisse. Dès l'adolescence, la relative insouciance de l'enfance disparaît. Les courbes du chômage font craindre aux jeunes pour leur avenir : ils prolongent leurs études sans être assurés de pouvoir un jour les valoriser. Ils s'inquiètent de leur corps, ils s'inquiètent de l'amour. Tout, dans notre société, est devenu dangereux. Vous fumez ? Vous risquez le cancer. Vous conduisez ? Attention aux accidents. Vous aimez bien manger ? Vous vous exposez aux maladies cardio-vasculaires, à l'obésité. Vous respirez ? Attention à la pollution de l'air. Vous bronzez tranquille ? Gare au cancer de la peau. Vous faites l'amour ? On sait maintenant que l'on peut en mourir... Vous croyez peut-être que c'est mieux pour les adultes ? Erreur. Chômage, conflits, vieillissement, divorce, soucis, maladies. Oui, la vie est difficile.

La violence est partout. Dans la rue, sur les affiches, à la télévision. Elle est aussi dans les injures qui se banalisent, dans les contraintes que subissent certains enfants, dans la vulgarité de certaines émissions télévisées, dans les regards qui se détournent de ceux qui ont besoin d'aide. La violence est partagée : on peut la retrouver dans le manque de respect et le bruit que font les jeunes le soir dans les cités, dans les réactions de certains habitants excédés, dans l'action de la police, dans la manière dont les médias en rendent compte. Il y a aussi les films de cinéma qui font de la surenchère, et que les critiques encensent. Toute cette violence étalée nous envahit et nous transporte malgré nous dans des registres émotionnels forts. Elle joue sur nos peurs, nos fantasmes, nos instincts, notre culpabilité. Si je préfère écouter les informations à la radio ou me tenir informée par les journaux, c'est pour me protéger de cette agression de l'image que je vis comme une manipulation.

Vous êtes nés dans ce monde où la violence est à la mode. La soutiendrez-vous ? Ajouterez-vous votre pierre à cette terrible construction ? Allez-vous contribuer à amplifier le phénomène parce qu'il est à la mode, « porteur » comme on dit ? L'ignorer, en suivant votre petit chemin où vous tâcherez qu'il fasse bon vivre ? Ou bien secouerez-vous toute cette poussière pour laisser de nouveau entrer la lumière ?

## C'est notre lot à tous

Il n'est pas un humain qui ne soit pas, dans son existence, confronté à la solitude, à l'échec, à la frustration, à la souffrance physique ou morale, à l'injustice et à la mort de ceux qu'il aime. Tous ceux qui ont cru pouvoir se faufiler entre les événements sans en être éclaboussés ont été rattrapés un jour ou l'autre. Et s'ils ne l'ont pas été, malheur à eux. Qu'ont-ils connu de la vie, ceux qui n'ont vu qu'une face de la médaille ? Est-ce cela que vous voulez, une demi-vie, une existence au rabais ? Parfois, « les catastrophes sont là pour nous éviter le pire » (Christiane Singer).

Au-delà des drames, qui rendent la vie douloureuse mais qui lui donnent son vrai poids d'humanité, il y a aussi l'ennui. La vie difficile, c'est aussi cela : la triste banalité du quotidien, la morosité d'une existence chaque jour identique. Tout intérêt, toute nouveauté, tout élan amoureux s'érode avec le temps. L'habitude survient, qui tue le désir. Rien de grandiose ici, il faut faire face, c'est tout. La vie, c'est souvent tous les jours pareil et rien de bien important ne vient rompre cette monotonie. C'est peut-être ça « le pire », et cela vous pèse. Parfois, le matin, tu me dis : « Je n'aime pas cette journée, parce qu'il n'y a rien de particulier ni de différent. » Laissons Rilke te répondre : « Si votre vie quotidienne vous paraît pauvre, ne l'accusez pas : accusez-vous plutôt, dites-vous que vous n'êtes pas assez poète pour en convoquer les richesses. » Pour les malades hospitalisés, pour les prisonniers, cette répétition sans surprise des jours est souvent déprimante. Pour les religieux dans leur monastère, l'écoulement des jours tous identiques est gage de liberté intérieure.

La différence vient en partie du fait que l'on a choisi ou non ce que l'on vit. Dans tous les cas, il faut vivre avec. C'est ta vie, tu n'en auras pas d'autre. Comme l'écrit André Comte-Sponville : « La question n'est pas de savoir si la vie est dérisoire ou sublime, mais si nous sommes capables de l'aimer. » Oui, la vie et le monde sont parfois cruels, injustes, stupides, atroces, mais il va falloir les aimer quand même, lucidement, sans rien oublier de l'horreur.

**Choisir de vivre**

Parfois tout nous échappe. C'est trop dur, trop atroce. On voudrait renoncer. « Après tout, je n'ai pas demandé à naître ! » En es-tu sûr ? Ne faut-il pas une force, un désir de vie fantastique pour que, au milieu de tous les risques, les aléas et les chausse-trapes de cette aventure-là, deux gamètes se soient rencontrés, puis aient mené à terme ce bébé que tu étais ? Ce n'est pas du désir d'enfant des parents qu'il est question, puisque bien des bébés s'en sont passés, mais du désir de l'enfant lui-même. Je suis convaincue que chacun de nous a voulu venir au monde et que ceux qui n'avaient pas cette vraie force de vie ne sont pas allés au bout.

Mais n'allons pas si loin. Tu n'as pas choisi de vivre ? Oh si. Tu le choisis chaque matin, tu le choisis à chaque seconde. Tu sais très bien que nous sommes tous libres d'arrêter notre histoire quand nous le voulons. Mais il n'y a pas de retour possible. De toute façon, inutile de devancer l'appel : la vie se chargera de nous arrêter quand notre tour sera venu. Mais d'ici là, il faut bien assumer. Si nous sommes là, c'est que nous sommes d'accord. C'est ce monde, c'est ici et maintenant, ou ce n'est rien. Il n'y a pas d'alternative.

Dans la religion catholique, les enfants baptisés dans leur jeune âge font, environ dix ans plus tard, leur confirmation. Leur baptême a été le choix de leurs parents. C'est à eux, maintenant, de confirmer ce choix et de se décider catholiques. Il faudrait qu'il en soit de même pour la vie. Ce sont les parents qui décident de donner la vie à l'enfant. Devenus grands, nous devrions, quand nous nous y sentons prêts, faire notre confirmation. « Oui, je suis d'accord pour être vivant. La joie et la tristesse, les nuages et la pluie, le sucré et l'amer, la fête et les larmes, le réel et l'indicible, je prends tout, j'accepte tout, je remercie de tout. » Il faut sans doute avoir plus de dix ans pour pouvoir prononcer ces vœux...

## « Et de défaite en défaite, il grandissait »

Rilke savait de quoi il parlait en écrivant ces mots. Les épreuves de la vie, c'est aussi ce qui nous fait avancer et qui fait notre valeur d'êtres humains. C'est là que nous progressons dans notre chemin intérieur, c'est de là que nous sortons grandis. La vie n'est qu'une suite de situations, toutes plus ou moins difficiles à résoudre, d'accord. Et maintenant, que fait-on ? On se plaint ou on agit ? « Ceux qui soupirent vieillissent en un jour », affirmait Théocrite.

Quand j'avais votre âge, c'était Mai 1968. Nous faisions la révolution. Le terme semble un peu dérisoire avec le recul, mais, dans la société française, ce moment a marqué une rupture et plus rien n'a été comme avant. « Faites l'amour, pas la guerre » était notre slogan. Nous voulions nous aimer librement, et faire circuler un peu d'air frais dans cette société empesée. Puis cet amour a été récupéré, perverti, commercialisé, détourné. Il n'en reste plus que le masque. Sur les murs de la ville, il sert à nous faire acheter des voitures ou des jeans.

Vous aussi, j'espère que vous essaierez de changer le monde. C'est votre tâche de critiquer, de démonter et de tenter de faire mieux. N'allez pas trop vite dans le sens du courant. Les pesanteurs sont énormes, c'est vrai. Mais chacun de vos gestes de refus et d'amour met un peu de légèreté dans ce monde. On peut avoir raison contre tout le reste.

Puis il vous faudra bien vous confronter à vos propres difficultés. Ce que vous avez à faire, faites-le sans attendre. Avant de dormir, mettez votre journée en ordre, autant qu'il vous est possible. Résoudre les problèmes au jour le jour, ou bien accepter son impuissance, cela demande du courage, de l'intelligence, de l'énergie. C'est ainsi que la vie trouve son sens, que l'homme devient adulte et acquiert, au fil du temps, un brin de sagesse.

Toute difficulté, d'une manière ou d'une autre, finit par se résoudre. Même une absence de solution apparente. Dans ce cas, c'est le temps qui se charge d'arranger ou de pourrir les choses. Ma mère, en femme décidée, n'était pas pour ce genre d'attitude, et me donnait souvent ce conseil : « N'abandonne jamais tant que tu n'as pas tout essayé. » Ne baissez jamais les bras trop tôt. Tant qu'il y a encore quelque chose à faire, faites-le. Posez-vous la question : « Y a-t-il encore quelque chose que je puisse faire pour essayer de résoudre ce problème ? » Ce n'est que lorsque très honnêtement vous vous répondrez non, que vous pourrez arrêter. Car alors, ce sera sans regrets. Nous avons le devoir de tout essayer, mais nous ne sommes pas tenus de réussir. La vie est plus forte que nous,

Entendez l'abbé Pierre lorsqu'il dit : « Rien n'est facile, mais tout vaut la peine. »

Voici comment Lewis Carroll, dans *Alice au pays des merveilles*, conseillait de s'y prendre pour résoudre les problèmes : « Commencez par le commencement, dit le roi gravement, et continuez jusqu'à la fin, alors arrêtez-vous. »

# Être heureux, c'est possible

*« J'ai décidé d'être heureux, parce que c'est bon pour la santé. »*

VOLTAIRE

*« Le bonheur est le même, qu'on le trouve dans les grandes choses ou dans les petites. »*

EURIPIDE

Mettre en tête cette phrase toute simple de Voltaire, c'était d'emblée insister sur l'essentiel : être heureux se décide. C'est bon pour la santé, pour le moral, et sert d'exemple à tous ceux qui nous entourent. La Bible aussi le dit : « Un cœur joyeux est un excellent remède, mais un esprit chagrin dessèche les os. » (Livre des Proverbes, 17, 22) Être heureux n'est pas tant une question de volonté que d'état d'esprit. Évidemment, ce n'est pas facile, et on n'y arrive pas du premier coup. Les questions importantes sont « Est-ce que je le veux vraiment ? » et « De quel bonheur s'agit-il ? ».

À vous qui avez parfois tant de soucis, mes propos peuvent sembler un peu niais. Comment parler du bonheur alors que la vie actuelle est si difficile ? Pourtant, être heureux est bien le but de chacun. Comme tous les parents, si l'on me demandait ce que je souhaiterais pour mes enfants, c'est bien de votre bonheur que je parlerais. Faire des adultes épanouis, bien dans leur peau et dans leur vie, c'est le but de toute éducation. D'ailleurs on dit souvent que les enfants heureux n'ont pas de problèmes. Mais soyons modestes : personne ne peut rendre un autre heureux. On peut créer de bonnes conditions, avoir l'intention de rendre heureux. C'est tout. Chacun est responsable de son propre bonheur.

## À chacun son idée du bonheur

Aussi loin que remonte la philosophie, elle a fait du bonheur l'objet de ses réflexions. Depuis l'Antiquité, rien n'a changé. Chacun veut le bonheur. Chaque objet que vous désirez doit vous apporter une part de bonheur, chaque but que vous poursuivez, chaque action que vous accomplissez, même si elle est dénuée de tout égoïsme. L'objectif paraît simple : être heureux, sans problème, à l'aise, détendu, et si possible pas aux dépens des autres. Comment se fait-il qu'il soit si difficile d'y parvenir durablement? Bien sûr, nous avons tous des petits moments de plaisir liés à la satisfaction de nos désirs quotidiens. Mais la somme des petits plaisirs ne fait pas forcément un grand bonheur. Il suffit le plus souvent qu'une seule chose nous manque pour que nous ne voyions qu'elle. Admettons même que tous les ingrédients soient présents : avoir « tout pour être heureux », est-ce forcément nager dans le bonheur? De plus, si la satisfaction de nos désirs dépend de l'extérieur, comment notre bonheur serait-il autrement qu'incertain et fragile?

Chacun, selon ce qu'il sait de lui, a son idée du bonheur. Comme l'écrivait Stendhal dans une lettre : « La véritable étude, la plus utile du moins, celle de toi-même, est la véritable sagesse. Lorsque tu connaîtras ton instrument, tu pourras dire : tel archet, jouant dessus, produit malheur, tel autre bonheur. [...] Ces archets donnés, il faut donc modifier la caisse de mon violon de manière à ce qu'ils produisent ce son si rare nommé bonheur. » Chacun réfléchit, envisage la manière de vivre qui semble lui correspondre, puis fait en sorte d'y parvenir. L'un pense que, pour être heureux, il lui faudra être riche. L'autre, travailler avec les animaux, ou voyager, ou avoir beaucoup d'amis. Ensuite, il reste à mettre en place les stratégies pour construire une telle vie.

Mais si les événements se mettent en travers de votre chemin, considérerez-vous votre vie comme un échec? Le bonheur qui vous vient du dehors n'est pas fiable. L'univers n'est pas à vos ordres. Vous ne serez jamais durablement heureux si vous faites dépendre ce bonheur de la satisfaction de vos désirs : « Je serai heureux quand... Si seulement..., alors je serais heureux. » Chaque fois, c'est remettre le bonheur ailleurs, plus loin, et entre les mains de quelqu'un d'autre. Tu veux faire ta vie avec Sophie, tu es sûr que tu seras heureux auprès d'elle. Mais si Sophie ne veut pas de toi, te laisseras-tu condamner au malheur?

Il y a une conception plus juste du bonheur, mais elle demande un changement radical dans la manière d'envisager la vie. Il s'agit de considérer que le sens que l'on donne aux événements, agréables ou désagréables, dépend du sujet, et non de l'événement lui-même. Cette optique nous met face à notre absolue liberté. Dès lors, être heureux ne dépend plus de ce que nous avons (argent, amour, relations, travail, célébrité, etc.) mais de ce que nous sommes. Tout est alors à créer.

## La stratégie du malheur

Certains individus ont une sorte d'aptitude naturelle au bonheur. Comme ils sourient à la vie, la vie leur sourit souvent. Pour d'autres, en revanche, c'est bien plus difficile. On a tous autour de nous des gens qui font leur propre malheur. Je pense à cette femme qui disait qu'elle ne se sentait bien que par temps sec : une fois qu'elle avait décidé cela, ne pouvant déménager dans une région ensoleillée, elle se condamnait à souffrir plus de la moitié de l'année. Je pense aussi à celui qui me confiait qu'il ne serait jamais heureux car il n'avait pas pu faire le métier d'ébéniste dont il avait rêvé ; il avait une fois pour toutes fermé la porte à toute joie professionnelle. Et toi, le jour où tu as décidé de ne plus rien faire en musique parce que le professeur était vraiment trop désagréable, n'est-ce pas ton malheur (et non le sien) que tu construisais ?

Ne soyez pas non plus de ces gens pour qui le bonheur se mérite, pour qui il faut en avoir « bavé » pour pouvoir en profiter. C'était ce que le vieux curé nous enseignait au catéchisme de mon enfance : privez-vous, souffrez, faites des sacrifices, vous aurez la belle vie après votre mort. La vie éternelle est dans chaque seconde, ou bien elle n'est nulle part. Le bonheur est ici, ou bien il ne sera jamais. Il y a de la joie dans l'exercice, dans l'effort, dans la générosité, et pas seulement dans le résultat ou le fait de recevoir. Contrairement aux apparences, il est bien plus facile de se plaindre, de souffrir et d'attendre. Moi, je vous engage au courage d'être heureux maintenant.

On attend de la vie, ou de l'autre, une chose que l'on ne reçoit pas, et l'on devient malheureux. Voyez-vous l'absurdité de ce comportement ? La vie ne nous a rien promis : pourquoi nous obéirait-elle ? Les autres ne sont pas plus fiables que nous le sommes nous-mêmes. Ils ont leurs intérêts propres, qui sont souvent contraires aux nôtres. La seule attitude lucide, conforme à la vérité, serait de dire avec honnêteté : « Je propose, la vie dispose ; et j'accepte de bon gré ce qu'elle m'envoie. » C'est encore Stendhal qui le pointait si bien lorsqu'il écrivait : « En général, tout mal vient d'ignorer la vérité et des fausses idées que nous avons sur ce qui nous arrive. Toute tristesse, tout chagrin vient d'avoir attendu des hommes ce qu'ils ne sont pas en état de nous donner. » Nous attendons de l'autre, de la vie, des dieux, qu'ils nous comblent. Mais comment et pourquoi le feraient-ils ? Je ne sous-estime pas du tout le plaisir qui nous remplit lorsque la satisfaction est au rendez-vous. Mais comment compter dessus ?

Alors nous souffrons. Parce que nous n'avons pas ce que nous voulons, ou que les circonstances de nos vies sont effectivement provisoirement difficiles ; sans voir que ce n'est pas une raison pour être malheureux. Est-ce digne de larmoyer sur votre triste sort ? N'avez-vous pas mieux à faire ou à agir ? Comme le dit lama Denis : « On peut expérimenter une cascade d'événements pénibles et les vivre d'une façon libre, sans en être gravement affecté, en restant heureux. Le bonheur véritable dépend plus de notre état intérieur que du contexte extérieur[1]. » Même si vous ne comprenez pas bien comment c'est possible, sentez qu'il y a là une issue.

J'ai mis longtemps à réaliser combien cette souffrance est égoïste et mesquine. Elle dit : moi, moi, je veux recevoir, je veux qu'on me donne, je veux qu'on satisfasse mes désirs. Elle remplit tant la tête qu'on en oublie de regarder dehors et d'aimer les autres. Le malheur est fermeture et repli. Alors sortez-en le plus vite possible. Personne ne peut vous obliger à être malheureux. « Tu oublies que Noëlle m'a dit qu'elle ne voulait plus me parler ! » Je n'oublie pas : je dis que toi seule donnes à Noëlle le pouvoir, par son rejet, de te rendre malheureuse. Ce pouvoir, tu peux le lui retirer. Son comportement lui appartient, ta réaction t'appartient. Si elle s'est montrée injuste avec toi, ne lui fais pas en plus le cadeau de ton amertume ! Reviens vite à ta joie de vivre, sinon, c'est comme si tu donnais à Noëlle le pouvoir d'en décider à ta

1. Lama Denis Teundroup, *Le Dharma et la vie*, Albin Michel, 1993.

place. « Rien ne sèche plus vite qu'une larme. » Reviens à l'essentiel : la douceur pure du soir qui tombe un jour d'automne.

## Le bonheur, autrement

« Nous désirons toujours que les choses soient différentes de ce qu'elles sont, et ces désirs nous font concevoir notre condition comme constamment insatisfaisante. Nous sommes en permanence dans un état de frustration et de manque. Une première façon de combler un tel sentiment consiste à se procurer à l'extérieur ce qui semble nous faire défaut. Cette tentative est sans fin et ses échecs conduisent à d'autres insatisfactions. » (Lama Denis) L'autre façon ? C'est celle sur laquelle se penchent sages et philosophes depuis toujours. Les stoïciens, il y a plus de deux mille ans, avaient défini ainsi le secret du bonheur : les hommes usent de leur liberté pour désirer ce qui ne dépend pas d'eux, alors que le bon usage de la volonté consiste à vouloir ce qui arrive et à plier son désir à l'ordre de la nature. Même pour Descartes, mieux vaut « tâcher de changer ses désirs plutôt que l'ordre du monde ». Si votre bonheur provient de ce qui ne dépend pas de vous, vous ne serez jamais durablement heureux. L'autre jour, au bord de la piscine, je t'entends dire, toi qui aimes tant l'eau : « Je vais me baigner si Ariane y va ! » Tu mets ton plaisir entre ses mains. Jette-toi plutôt à l'eau et vois si Ariane te suit : il sera toujours temps d'en sortir si le plaisir n'est pas au rendez-vous ! Tâchez de vouloir, pour être heureux, ce qui dépend de vous. Le reste ? Changez ce que vous pouvez, apprenez à supporter ou à aimer le reste.

N'entendez pas qu'il faut être passif ou résigné. Le bonheur vient justement de l'acte, bien plus que dans ce qu'il est supposé apporter. Le bonheur c'est faire, entreprendre, et se réjouir de ce qui est. Le désir a ici sa place, comme source d'énergie et de vitalité. Mais le bonheur n'est pas pour demain, il est ici. Demain n'existe pas. Si vous n'êtes pas capables d'être heureux ici et maintenant, comment le seriez-vous un jour ? Il n'y a rien d'autre à vivre qu'une suite d'ici et maintenant. Le bonheur, c'est savoir se réjouir de ce qui est là.

## Chaque jour est nouveau

C'est aussi ce que dit François Cavanna : « On court après le bonheur, et l'on oublie d'être heureux. » On rêve d'un grand bonheur toujours à venir, et on oublie toutes les joies qui sont à portée de nous. Trouver à chaque instant son bonheur dans ce qu'on a, dans ce qu'on est, plutôt que dans ce qui nous manque. Regarder d'un œil neuf. Comment faire ?

« Chaque jour est nouveau. Je suis lavé d'hier », disait Krishnamurti. Pour éclairer son propos, il racontait cette histoire. Un moine croise une jeune fille en larmes. Elle lui explique qu'elle ne peut rentrer chez elle, car l'eau du fleuve a monté et elle ne peut plus le traverser. Le moine la soulève et la dépose sur l'autre rive. Deux heures plus tard, il croise un second moine qui, ayant aperçu la scène, lui dit : « Tu n'aurais pas dû faire cela, tu n'as pas le droit de toucher une femme. » Le premier moine lui répond : « Je l'ai déposée sur la rive il y a deux heures, toi tu la portes encore. »

Chaque jour est une chance offerte d'être différent, si l'on sait oublier ou dépasser ce qui n'est plus. Si tu dis « De toute façon, je n'ai aucun talent pour la musique (ou pour les langues, pour le foot, pour le bonheur) », tu te fermes à beaucoup de joies. Mais si tu dis « Jusqu'ici, je n'ai pas fait preuve de beaucoup de talent », tu admets qu'aujourd'hui les choses peuvent être différentes. Hier tu étais triste ou fâché, aujourd'hui est un autre jour. Cette heure est une autre heure : tout peut changer.

Décider d'être heureux est un choix de chaque matin, de chaque instant. L'instant présent est votre seule unité de travail. Être heureux, c'est s'efforcer de l'être le plus souvent possible. Parfois, il s'agit d'être « heureux quand même », si le vent nous est contraire. D'autres fois, de seulement constater et accepter provisoirement que l'on n'y arrive pas. Cela ne marche pas à tous les coups. Mais pas de complaisance. Dans ce cas, cherchez dans votre vie, ici et maintenant, une chose qui va bien, qui correspond à votre désir : cette affiche au mur que tu aimes regarder, ce pain au chocolat encore tiède, ce nouveau foulard si doux, le bouquet de glaïeuls sur la table de la cuisine. Laissez-vous combler par chaque souffle de vent. Le bien-être absolu n'existe pas, sauf pour quelques sages. Mais le bonheur, si l'on renonce à en faire un absolu, peut bien se trouver dans cette manière joyeuse et paisible d'accepter notre vie et ses difficultés, dans la capacité de se réjouir « quand même » de tout ce qui est là.

Le bonheur dont je parle ne se trouve pas aux dépens de la vérité. Ou alors il s'agit de celui des imbéciles. On ne se réjouit pas parce qu'on est dans son trou, bien protégé du monde et de ses ennuis. Le bonheur de la taupe ou de l'autruche, merci bien. On voit, on sait, on réfléchit, on est sans trop d'illusions, et on est heureux pourtant. Si c'est incompatible, quand le tragique de la vie vous submerge, alors c'est la vérité qu'il faut choisir. En attendant l'embellie.

Le bonheur ne dispense pas non plus de la morale. Ce qui veut dire que l'on ne peut être longtemps heureux tout seul, encore moins aux dépens de l'autre. Comme disait Diderot, il n'est qu'un seul devoir, c'est de se rendre heureux, mais l'homme le plus heureux est celui qui fait le bonheur du plus grand nombre. Être heureux du bonheur que l'on donne, ou que l'on voit, même si l'on n'en est pas cause... Je crois que c'est cela, grandir : trouver plus de plaisir à faire plaisir, plus de bonheur à rendre heureux. Si la souffrance est égoïste et le malheur souvent méchant, le bonheur se partage et éclaire comme un phare ce qu'il approche. Quand on est heureux, on n'a pas envie d'arracher les ailes des mouches ou de donner des coups de pied, pas envie de chercher à blesser ou de partir à la guerre. Quand on est heureux, on voudrait que les autres le soient. Contagion de la joie.

**C'est tout simple**

C'est une grande leçon que nous donne Picasso : « Quand je n'ai pas de rouge, je mets du bleu. » C'est si simple d'être heureux. Pour apprécier les petits bonheurs quotidiens, il faut d'abord être capable de les voir, puis d'en jouir en pleine conscience. Vous rendez-vous compte de la joie d'être bien chauffés, quand vous rentrez gelés du dehors ? Quand on a très soif, on sait apprécier un grand verre d'eau fraîche. On apprécie mieux quand on a manqué. Puis on s'habitue et on oublie de nouveau. Rappelez-vous quand nous avons manqué d'eau chaude : la panne réparée, notre première douche fut divine. Mais les suivantes ? Chaque soir, se glisser entre deux draps bien doux peut être un petit bonheur appréciable.

Avant de se jeter sur la nourriture, se réjouir intérieurement d'avoir de l'appétit et un bon repas devant soi. La joie est là, toujours, mais on n'est pas toujours en contact avec elle. Même respirer peut être une joie, même marcher, étendre le linge ou tondre l'herbe, si c'est fait en pleine conscience. Savoir ne pas banaliser ce qui se renouvelle, et tirer parti de ce qui est là. Et quand ce n'est pas là ? J'apprends à en rire, à m'en passer, à vivre autrement. Quand je n'ai pas de rouge, quand tout est gris, je mets du bleu...

Attention : tous les plaisirs ne font pas du bonheur. Certains plaisirs, parce qu'ils gênent les autres, détruisent plus qu'ils ne construisent. Je pense à la cigarette, qui empêche de respirer à fond et de jouir du goût subtil des mets et des odeurs, sans parler des problèmes de santé qui risquent de vous priver de tous les plaisirs, en vous privant de la vie même. Mais je pense encore davantage à la drogue. Regardez les drogués : vous semblent-ils heureux ? Profitent-ils à fond de l'existence ? Il m'est difficile, à vos âges, de vous engager à la modération. Pourtant Épicure, déjà, pensait que, si le bonheur venait par accumulation de plaisirs, il fallait en exclure les plaisirs néfastes, non naturels, superflus, et dérangeants pour notre paix intérieure. À l'autre bout du monde, presque à la même époque, le Bouddha expliquait que seule la tempérance débouche sur la vraie joie intérieure, laquelle dépasse l'opposition plaisir-déplaisir et ne dépend plus de l'extérieur. Mettre le plaisir au service du bonheur, c'est choisir la modération plutôt que l'excès. C'est vrai dans tous les domaines : un gâteau, c'est bien, dix gâteaux vous rendront malades. Comme disait ce slogan, pour mettre en garde contre les risques de l'alcoolisme : « Un verre, ça va, trois verres, bonjour les dégâts ! »

Petites choses ne veut pas dire petites joies. Les éléments de notre environnement ne sont pas seuls à nous réjouir. Ce qui nous vient de l'autre, parce que cela se situe dans un registre affectif, est souvent bien plus fort encore. Il arrive qu'un geste ou une attention nous touchent profondément au cœur. L'ami qui pense à envoyer une petite carte d'anniversaire, celui qui nous tend la main le jour où cela ne va pas, qui trouve le mot qu'il faut au bon moment. Comme dans la chanson de Brassens, il arrive que l'on rencontre celui qui donne « quatre bouts de bois quand dans le cœur il faisait froid, [...] quatre bouts de pain quand dans la vie il faisait faim », ou seulement un sourire quand tout tourne mal. Ces petits gestes, que l'on n'oublie jamais, réchauffent comme de « grands soleils ». Enfin, il y a tout ce qui vient de celui ou de celle que l'on aime, et tout ce qu'on peut lui donner. Une simple main serrée, un regard profond, quelques mots murmurés, une petite attention qui montre que l'on pense à l'autre, et c'est un grand bonheur tout chaud qui remplit le cœur.

Ces « petits bonheurs du jour » sont des cadeaux de la vie. Parfois minuscules, presque dérisoires, ils illuminent la journée. Nous y sommes pour bien peu. Alors, laissons monter en nous un sentiment de gratitude. La gratitude peut remplir le cœur, même si l'on n'a personne de précis à remercier. Le matin, en se réveillant, on pense « merci ». C'est toute une journée qui s'ouvre : tant d'instants imprévisibles, tant d'occasions. Peux-tu penser avec joie à cette journée, même si rien de spécialement joyeux n'est prévu, même si elle comporte un rendez-vous chez le dentiste ou un devoir de maths à préparer ? Juste entrer en contact avec la joie simple d'être vivant. Ce nouveau jour est à toi : tu peux en faire ce que tu veux. Te lever du pied gauche et faire durer ta mauvaise humeur, ou vivre ce jour pour qu'il te réjouisse... Puis le soir, au lit, laissons-nous à nouveau emplir par un sentiment de gratitude. Souvenons-nous de trois choses qui se sont déroulées dans la journée, des choses bonnes, douces ou enrichissantes. Le cœur pense « merci ». Ce n'est pas le tout de demander, de prier, de rouspéter, il faut savoir remercier. Ce petit exercice d'humilité toute simple aide à repérer tout ce qu'il y a de bon chaque jour.

« Chaque jour est un bon jour. C'est ainsi que l'on prédit l'avenir[1]. » Cette parole zen vaut mieux que toutes les prédictions des astrologues et soi-disant voyants !

Choisir le bonheur et s'efforcer d'être heureux, c'est se mettre du côté de la vie. C'est aussi un cadeau pour les autres.

1. *Paroles zen*, textes choisis par Marc de Smedt, Albin Michel.

À chacun de décider la forme que prendra la recherche de son bonheur. Certains engagements, dans une vocation par exemple, demandent de multiples renoncements, mais offrent en retour un sentiment de réalisation de soi très profond. Ceux qui mettent leur vie au service d'une grande cause ont aussi une idée du bonheur, qui passe par une exigence quotidienne. Pour d'autres, être heureux passera par le couple, ce que l'on construit ensemble, et l'approfondissement, au fil des ans, de cette relation. À chacun son chemin. Une chose est sûre : le bonheur durable se trouve rarement dans la facilité. J'ignore bien sûr ce que la vie vous réserve, si elle vous sera douce. Mais je sais que vous n'êtes pas – personne ne l'est – obligés de souffrir durablement de ce qui vous arrive. Savoir faire son deuil de ce qui n'est pas et ne sera jamais. Accepter ce qui est et qu'on ne peut changer. Voir le bon de chaque instant. Savoir qu'aimer la vie, c'est l'aimer toute. Voilà ce qui vous aidera en chemin. Comme le dit si bien Thich Nhat Hanh : « Souffrir n'est pas tout, nous devons être au contact des merveilles qui nous entourent. [...] Être conscient du bien-être, de ne pas avoir mal aux dents, que vos yeux sont capables de voir. Nous pouvons sortir, regarder les fleurs, les enfants, les nuages et être heureux. Notre bonheur dépend de notre état de conscience. Le bonheur est là, il n'y a qu'à se servir[1]. »

1. *La Paix, un art, une pratique,* Le Centurion.

# Cela s'appelle aimer

*« Une vie, c'est bien court pour apprendre à aimer. »*

Abbé PIERRE

*« Notre amour reste là*
*Têtu comme une bourrique. »*

Jacques PRÉVERT

Soudain les mots me manquent. Ceux qui me viennent me semblent inadéquats et dérisoires. Tant de poètes, d'écrivains, d'amoureux, de sages et de philosophes, tant de mots si beaux déjà… J'ai voulu garder l'essentiel pour la fin, mais j'ai peur, soudain, de ne plus savoir dire, de ne plus trouver comment franchir l'espace qui nous sépare. Aimer s'apprend au fil de la vie : quelle aide pourrais-je bien vous apporter ? Je repense à ces phrases de Christian Bobin : « On dit en somnambule, sans sortir du sommeil de la langue. On ne dit pas, on laisse dire. On laisse les mots venir, ils viennent dans un ordre qui n'est pas le nôtre, qui est l'ordre du mensonge, de la mort, de la vie en société. Très peu de vraies paroles s'échangent chaque jour, vraiment très peu. Peut-être ne tombe-t-on amoureux que pour enfin commencer à parler. Peut-être n'ouvre-t-on un livre que pour enfin commencer à entendre[1] ».

Vous êtes merveilleusement doués pour aimer. Que rajouter de plus ? Les quelques petites choses que je pourrais vous dire ne vous épargneront aucune erreur, aucune impasse, aucun chagrin d'amour, et c'est tant mieux. Vous devrez à votre tour franchir toutes les étapes et connaître toutes les joies. Entre la chanson d'Anne Sylvestre que je reprenais sur ma guitare à seize ans (« J'étais pas la moins tendre, Mais j'avais si peur, Qu'on ne veuille pas m'attendre, À l'autre coin d'un cœur »), et *Les Vieux Amants* de Brel, il y a de la place pour l'histoire de chacun. Il y a tant de manières d'aimer, aussi, et tant d'efforts sont nécessaires pour sortir de son égoïsme…

Je n'ai pas les mots, et je ne suis pas à la hauteur de ce que je voudrais écrire. Peut-être puis-je quand même vous exposer ce qui me tient à cœur, une sensibilité plus qu'un savoir, sur l'amour plus que sur l'état amoureux. Vous en ferez ce que bon vous semble.

---

1. *Le Très-Bas,* Gallimard, 1992.

**L'être amoureux**

Le chemin est à parcourir de bout en bout, seule voie d'humanité. Tomber amoureux, rêver, se tromper, désaimer, espérer, recommencer, construire... vous devrez franchir toutes les étapes. Vous êtes si enthousiastes à vous passionner ou à rejeter ! En même temps que les joies de l'amour, vous découvrez les déconvenues et les chagrins. Quand on aime, on devient vulnérable ; on se met en dépendance de l'autre. Si bien que tout fait joie et que tout fait souffrance. Il ne servirait à rien que je vous mette en garde ; il faut tout vivre.

Aimer et être aimé, se le dire et le vivre : un bonheur parmi les plus grands. On se sent soudain si fort et si plein d'enthousiasme. C'est comme si l'on rayonnait d'amour sur tout ce qui nous entoure. On se sent soudain généreux et ouvert. Tout devient possible. On existe vraiment, on est comblé et le reste perd toute importance. Quand on est amoureux, on apprend à faire attention à l'autre, qui soudain prend plus de place que nous. S'approcher, s'apprivoiser, partager, approfondir... il y a tant à découvrir !

Aimer, pourtant, n'est pas se noyer dans l'autre, ni se dissoudre à son contact. Ce n'est pas non plus étouffer l'autre en attendant de lui qu'il se fonde en vous. Faire un avec deux est une grande jouissance, bien sûr, mais aussi un bon moyen de se perdre. On se voudrait identiques sur tout : comme il est plus facile d'aimer un autre soi-même ! Ce qu'il y a de difficile, mais qui fait vraiment avancer, c'est d'aimer et respecter l'autre comme il est, pour ce qu'il est, dans sa différence. Même s'il aime regarder les matchs de foot à la télévision en buvant une bière, et que tu t'es toujours dit que jamais tu ne pourrais aimer un homme comme cela ! On aime un être de chair, bien réel, avec ses défauts et ses petitesses. Essayer à tout prix de faire coller celui que l'on aime au modèle que l'on a dans la tête, c'est être amoureux d'une image. Le réel nous rattrape un jour ou l'autre. On ne peut aimer que dans la vérité. Évidemment, il est bien plus difficile d'aimer quelqu'un qui a des moments de cafard et des cernes blêmes le matin, qu'une image de vedette sur papier glacé. Ce que vous recevez en échange n'est pas non plus du même niveau. Ce que l'on exige pour soi, être aimé comme on est, devient plus compliqué lorsqu'il s'agit de l'appliquer aux autres. C'est aussi une affaire de patience : avec le temps, on apprend à mieux aimer.

Vous cherchez un partenaire qui vous aime comme vous rêvez de l'être : pour vous-même, gratuitement, totalement et pour toujours. Celui-là n'existe pas. À l'époque lointaine de notre première enfance (voire de notre vie fœtale), nous ne manquions de rien, tous nos besoins étaient comblés. Puis la mère, dispensatrice de tout, s'éloigne progressivement, laissant place au manque et à la frustration, si forte parfois, si douloureuse. On ne s'y habitue jamais tout à fait, et chacun garde au cœur une nostalgie que seul le rêve d'un grand amour peut venir consoler. On dit que Dieu, le sage ou le saint peuvent aimer ainsi. Pour nous tous, pour tous les autres, il faudra se satisfaire de l'imperfection… Mais que nos amours humaines sont belles, pourtant. Qu'elles sont riches, profondes, et comme elles ouvrent au monde ! La joie de deux corps que le désir unit, la rencontre de l'autre dans l'amour partagé, n'est-ce pas une raison suffisante pour se réjouir de notre incarnation ?

« Que mon bien-aimé entre dans son jardin, qu'il en goûte les fruits délicieux ! » (Cantique des cantiques)

Ne croyez pas, en constatant autour de vous le nombre des divorces et des séparations, qu'un couple n'a qu'une espérance de vie forcément limitée. Il est possible à un homme et à une femme d'inscrire leur relation dans la durée : la forme que prend leur amour change, mais sa force reste intacte. Cela suppose bien des efforts, des mises au point, des réajustements. Un couple réussi, ce n'est pas une chance, mais un chemin exigeant. Cela demande que chacun aime vraiment, c'est-à-dire qu'il ait pour objectif le bonheur et l'épanouissement de l'autre. Si l'on n'est pas seulement conjoints et amants, mais aussi compagnons et amis, on peut avancer et évoluer côte à côte, dans la confiance et le respect. C'est alors une vraie joie, pas du tout lassante ni ennuyeuse, de partager le quotidien et de voir ensemble les années défiler et la vie se construire dans une intimité chaleureuse.

## Les droits de l'autre

Aimer va bien au-delà de la relation amoureuse. C'est le chemin de toute vie. Le précepte qui devrait guider toute action.

L'autre a droit à la simple humanité. Trop (de plus en plus?) de gens vivent dans le rêve, et finissent par le préférer à la vie réelle. Les écrans de cinéma, de télévision ou d'ordinateur leur tiennent lieu de partenaire. Une existence en images de synthèse, recombinables à merci... On ne prend aucun risque, puisqu'on peut rejouer la scène autant de fois qu'on le veut et revenir en arrière sans que le programme vous en tienne rigueur. Une jouissance en apesanteur, dont on ne connaîtrait que les bons côtés. Un seul problème : cela n'est pas la vie. Jetez-vous plutôt à corps et cœur perdus dans l'existence, avec ses joies et ses peines. La vie est terrifiante, mais rien ne vaut la vie. Si vous prenez le temps de l'écouter, elle vous parlera un langage d'amour.

L'amour ne va aussi qu'avec la liberté. Ceux que l'on aime – amis, amants, enfants – ont le droit de nous quitter. S'ils ne sont pas libres de nous, notre amour est sans respect. Ils ne sont plus des êtres autonomes, mais deviennent notre propriété. Ce n'est plus aimer l'autre, mais s'aimer soi dans la proximité de l'autre. S'efforcer de respecter la liberté de l'autre, et attendre de lui qu'il en fasse autant. Aimer n'est pas attacher, quelle que soit la longueur de la ficelle. C'est jouir de la relation lorsqu'elle existe, et se réjouir de l'existence de l'autre, dans tous les cas. À chacun de s'interroger : puis-je encore aimer joyeusement si le trajet de qui j'aime ne passe pas (ou ne passe plus) par moi?

L'autre, enfin, a le droit de ne pas nous aimer. On ne peut être aimé tout le temps et par tout le monde. Pour rester soi, il faut prendre le risque de déplaire. Pour éduquer aussi, il faut souvent frustrer et parfois se faire rejeter. Il est bon d'être aimé, mais il n'est pas juste de décider de nos actes en fonction seulement de l'affection qu'ils vont nous apporter. Mère Teresa est morte il y a peu : parmi le concert de louanges qui a entouré cette femme qui a donné sa vie aux plus humbles, se sont élevées quelques critiques. Si elle n'a pu se faire aimer de tous, comment le pourrions-nous? Comme le faisait remarquer Daniel : nous ne ferons pas mieux que le Christ. Il aimait tout le monde ; pourtant ceux qui l'ont crucifié devaient bien avoir quelques griefs…

## Faites battre votre cœur !

Avant de devenir habile, le cœur a grand besoin d'exercice. Plus il est entraîné et mieux il fonctionne, plus il gagne en puissance et en largeur de vue. Alors ne craignez pas d'user votre cœur. Comme le chantait Brel : « Aimer jusqu'à la déchirure, aimer même trop, même mal. » Trop de gens cherchent à s'économiser pour s'éviter de souffrir. Une jeune femme me confiait encore l'autre jour que, se remettant mal d'un chagrin d'amour, elle avait décidé qu'elle ne tomberait plus amoureuse. Laisser son cœur au froid par peur de le glacer… À chacun de choisir : mettre son cœur en veille, ou prendre le risque d'aimer. Il est vrai que de grandes joies se paient souvent de grandes tristesses. Aimer peut être une douleur, la plus grande de toutes. Mais pourquoi sommes-nous sur terre sinon pour vivre et nous donner à fond ? Pour tout connaître de ce qui nous est offert ? J'aime cette phrase de Jean Giono : « On nous veut avec les stigmates des grandes écoles, je le veux avec les stigmates de la vie. Savoir s'il est agrégé en soleil. S'il a ses grades en désespoir. »

Et puis aimer la vie dans toutes ses dimensions, même celles qui semblent a priori les moins séduisantes, c'est une bonne voie pour ne pas trop souffrir des revers de fortune. Te souviens-tu comme la question s'est posée à toi exactement en ces termes l'été dernier ? Nous étions chez ta grand-mère, que tu ne vois qu'une fois par an. Elle voulait adopter un chaton, mais, après une longue attente, elle n'a pu le recueillir que deux jours avant ton départ. Tu étais émerveillée par ce petit animal, encore bien plus tendre et drôle que dans ton imagination. À un moment tu as dit : « Il aurait peut-être mieux valu que le chaton arrive deux jours plus tard. Je ne l'aurais pas connu, alors je n'aurais pas été malheureuse de le laisser, et il ne m'aurait pas tant manqué. » Puis tu as réfléchi et tu t'es reprise : « Non, finalement, je préfère l'avoir connu, m'en être occupée pendant deux jours, et être triste après, plutôt que n'avoir eu ni la joie de le câliner, ni la peine de le quitter. »

N'avoir pas peur d'aimer, faire travailler son cœur. Ne pas s'effrayer de la proximité ni de l'intimité. Solides à l'intérieur, vous n'avez aucun besoin de vous protéger, ni de craindre votre vulnérabilité. Ouvrez-vous au contraire, ouvrez-vous largement aux autres. Soyez vrais dans vos sentiments et avancez sans tricher.

Aimer n'est pas une faiblesse. Ce n'est pas non plus « des histoires de nanas ». Je frémissais l'autre jour en entendant un jeune homme affirmer : « Dans un couple, il faut toujours être celui qui aime le moins ! » Tant pis pour les gagne-petit du sentiment, pour les radins du cœur. Moi, je vous conseille d'aimer autant que vous le pouvez, d'aimer sans attacher ni posséder, disponibles et les mains ouvertes. Aimer d'un cœur léger…

## Ce sont nos frères

Aimer ses proches, parents, enfants, amis, aimer ceux qui nous ressemblent, cela ne pose généralement pas trop de problèmes. En les aimant, c'est un peu de nous que nous aimons. Mais, même là, notre maladresse et notre égoïsme sont terrifiants. Il ne s'agit pas non plus d'aimer « tout le monde », parce que cela est suffisamment abstrait pour être assez simple. Et « tout le monde » n'a que faire de notre amour. Mais essayons d'aimer au plus près de nous : la boulangère qui n'est jamais aimable, ta sœur qui a encore fait une tache sur ton pull préféré, les voisins qui font griller des saucisses sur le balcon tous les dimanches, la fille qui t'a envoyé sur les roses, le copain qui t'a posé un lapin… Cela, c'est vraiment difficile. Et terriblement exigeant.

J'aurais pu vous parler d'abord de la tolérance. Tolérer l'autre dans sa différence, c'est évidemment une première étape. Mais j'ai préféré vous parler d'emblée d'amour, parce qu'au fond il s'agit bien de cela. King Vidor parlait de cultiver le « don d'amour », « cette qualité si rare qui fait qu'on diffuse l'amour de soi ». Une vie n'y suffit généralement pas.

Alors autant savoir tout de suite quel est le but, vers quoi on marche. Autant s'orienter d'emblée dans la bonne direction.

Évidemment, c'est horriblement difficile. Je vous vois vous débattre parmi tous ceux que vous détestez, que vous hacheriez volontiers menu si vous le pouviez. Ceux que vous appelez les imbéciles, les lâches, les salauds. Ce n'est pas grave. Contentez-vous de ne pas les haïr. La haine est de l'énergie perdue, qui se retourne contre vous. Une perte de temps inutile. Contentez-vous de les noyer provisoirement sous votre indifférence. Certains d'entre eux changeront, vous changerez aussi, les choses évolueront. Pour le présent, ne vous fatiguez pas à les détester : les ignorer suffit. Passez à autre chose. Si vous le pouvez, respectez-les en tant qu'êtres humains. Qui êtes-vous donc pour juger vos semblables ? J'aime croire à la nécessité de tout et de chacun. Ceux qui sont nos contemporains sur cette planète ont les mêmes droits que nous à y séjourner. Vous en trouvez certains vraiment détestables, cruels, indignes du nom d'hommes ? Souvenez-vous que les gens ne font pas exprès d'être ainsi, bien qu'ils en soient responsables. Ce ne sont pas des étrangers, ce sont nos frères. Il faut respecter ce qu'ils sont, mais haïr ce qu'ils font, et lutter contre de toutes vos forces si ce combat vous semble juste.

Les relations amicales ont besoin de gentillesse, d'attentions et de loyauté. Elles ont besoin aussi que l'on ne soit pas trop rancunier. Ne perdez pas votre temps à en vouloir à ceux qui vous ont fait du tort. La rancune ou le désir de vengeance épuisent trop de notre énergie et ne construisent rien. Quel orgueil d'en vouloir à l'autre ! Sommes-nous donc infaillibles ? À cet orgueil, je préfère l'humilité. C'est un mot qui a la même racine qu'humus, la terre. Acceptons ce qui vient, oublieux de ce qui blesse, comme la terre reçoit sans s'émouvoir le soleil ou la grêle. Sachons aimer jusqu'au pardon, mais aussi demander pardon des torts que l'on a eus. Pour avoir un ami, il faut être un ami. C'est de cela qu'il importe de se préoccuper. Être celui ou celle que l'on aimerait rencontrer. Sans oublier d'être un ami pour soi-même, c'est-à-dire de ne pas se maltraiter. Le reste suivra.

## Aimer, c'est agir

Pour que la société tourne plus rond, il faudrait aimer les gens un peu plus que les objets, les affaires ou les ambitions. Aimer plus l'enfant que le bol qu'il a cassé, faire passer l'ami en détresse avant la réunion d'affaires, soutenir le lycéen en échec plutôt que l'accabler. Bien des conflits se résoudraient d'eux-mêmes si l'on se décidait à faire passer l'humain au premier plan. Parlez avec des personnes âgées : ce ne sont pas leurs réussites professionnelles, ni le temps passé à accumuler objets et richesses qui leur tiennent à cœur, ce sont les souvenirs d'affection, les moments de partage ou de tendresse qui leur viennent en mémoire comme ayant constitué le meilleur, et finalement le plus important, de leur existence.

Commencer à aimer, c'est perdre un peu de son égoïsme. On sait très bien comment faire : traiter l'autre comme on aimerait l'être. Il n'y a pas d'autre voie. On voudrait recevoir (amour, tendresse, écoute, respect, attention…) ? Il faut donner d'abord. La vie rendra. Finalement, il n'y a pas une si grande différence entre l'autre et soi, entre ce qu'on lui fait et ce que l'on se fait à soi-même. Abîmer l'autre, c'est s'abîmer soi-même. L'aider, s'aider. L'aimer, s'aimer.

Personne ne nous demande de prendre sur nos épaules toute la misère du monde. Souffrir parce que des enfants souffrent de la faim, ou être malheureux parce que d'autres le sont, n'a jamais amélioré le sort de personne. Cela ne sert à rien. Il y aura un malheureux de plus, c'est tout, et cela n'est pas respectable. En revanche, agir pour alléger la souffrance chaque fois qu'on le peut, c'est ce que la vie nous demande. Si une chose peut être faite, c'est un devoir de la faire. C'est parfois une nécessité de dépasser son intérêt personnel pour faire ce qui est bon pour autrui. On sent en soi qu'on ne peut pas ne pas le faire. Aimer l'autre, ce n'est pas souffrir avec lui, c'est agir pour qu'il ne souffre plus.

Aimer, c'est agir, c'est fournir des preuves de son amour ; sinon ce n'est rien, que des mots vides de sens. « Aimer se prouve bien plus qu'il ne s'éprouve. » Croire que l'on aime et montrer de l'indifférence ou de la rancune, dire que l'on aime et faire souffrir quand on pourrait l'éviter, tout cela c'est mentir. Aimer est tellement exigeant qu'aucun de nous ne sait vraiment comment s'y prendre, mais nous avons mille occasions pour essayer. Avec l'âge, il me semble que cela devient plus facile, parce qu'on a moins de besoins et de désirs personnels, on peut, sans trop de frustration, souvent même avec joie, faire plus de place à l'autre.

Aimer l'autre, aimer la vie, c'est la même chose. Comme c'est une tâche rude, on s'entraîne progressivement. Le plus simple d'abord. J'aime la brioche dans laquelle je mords, le thé au parfum si délicat. J'aime le châle qui m'entoure de douceur, la couette sous laquelle je me blottis. J'aime l'oiseau que j'entends sans le voir, l'inconnu que je croise. Puis j'avance, tentant de tout englober. Au-delà de la table sur laquelle je travaille, j'aime l'arbre qu'il a fallu abattre, la terre qui l'a fait pousser, le bûcheron, le menuisier et l'ouvrier qui y ont travaillé. À travers le pain, je salue le paysan, le blé, la moisson, la farine, le boulanger. Ce riz, sur la table, savez-vous que des paysannes, au fond de la Thaïlande, se sont pliées en deux pour le semer, le repiquer, le ramasser ? À travers chaque objet, se relier à l'ensemble. Tout est toujours là, juste sous nos yeux. Nous pouvons nous émerveiller des objets quotidiens avec le même regard que nous portons sur l'œuvre d'art et le talent de l'artiste. Le soleil, la terre et la pluie ont fait pousser, l'homme a cultivé, récolté, transformé. Si vous trouvez votre quotidien banal, regardez mieux.

Aimer toujours plus large. Rien d'autre n'a d'importance. Quelle valeur aurait la vie si nous ne l'aimions pas ? Apprécier le soleil de printemps est facile, alors on s'efforce d'aimer aussi le nuage et la pluie. Comme saint François, on essaie de penser : ma sœur la nuit, mon frère le froid, ma sœur la peur…

# De cela et d'autres choses…

*« Soleil, délivre-moi de la gravité. […] Enseigne-moi la légèreté, l'acceptation riante des dons immédiats de ce jour, sans calcul, sans gratitude, sans peur. »*

Michel TOURNIER

*« Je ne viens rien résoudre. Je suis venu ici pour chanter et pour que tu chantes avec moi. »*

Pablo NERUDA

Tant de choses, encore, à vous dire. Tant de mots, tant de nuances que je ne saurais trouver. Alors qu'il suffirait sans doute de regarder un enfant dormir ou un arbre pousser pour en apprendre bien plus sur ce qui compte vraiment. Se trouver d'emblée dans le silence, au cœur de l'essentiel.

*La légèreté de l'être.* J'emprunte le titre de ce passage à un roman de Kundera[1] : il dit mon désir de ne pas trop peser. Si j'ai commencé ce livre avec des « valeurs lourdes » comme la liberté ou la vérité, j'aimerais le conclure dans la légèreté, avec les « petites vertus » qui font la vie de tous les jours, comme la simplicité ou la gentillesse, la modestie ou l'humour. Bobin écrit : « Aimer, c'est aimer ce qui est simple, et donc mystérieux. Ce qui est compliqué n'est jamais mystérieux. Ce qui est compliqué est sans importance. » Simplicité n'est pas simplisme, et les choses simples sont souvent les plus fines, les plus subtiles, les moins aisées à percevoir. Le réel est simple, mais difficile à penser. Pourtant, plus j'avance et plus il me semble que là se trouve l'essentiel. Soyez honnêtes et courageux si vous le pouvez, mais veillez aussi à être gais, souples, légers, tendres... Ne vous prenez pas trop au sérieux. Vertus modestes mais exigeantes, qui font la valeur de notre vie. Vertus du temps qui passe.

Je n'ignore pas que la vie parfois est grave, et la douleur tenace. Je fais même profession de l'entendre. Mais je suis sûre d'une chose : à travers le mal-être, c'est la grâce qui se cherche. Tant de choses se font pesantes, quand on voudrait prendre la vie avec un cœur léger, quand on voudrait se laisser enseigner par la couleur d'une rose ou le rire d'un enfant. « Notre monde est lourd, écrivait Patrick Grainville dans un article. Il grossit, s'alourdit à vue d'œil [...] Nos désirs satisfaits sécrètent des entassements de boue. Nos jours sont

1. Milan Kundera, *L'Insoutenable Légèreté de l'être*, Gallimard, 1984.

épaissis d'horaires, de labeur, de hargnes et de rengaines. Grosses tumeurs de nos jours. Le ciel se charge de nos éclaboussures. [...] Soyez légers, futiles, poids plume. [...] Fuyez les ténors, les lourds, les viandus, les mammouths... Soyez zéphyr, soyez la vibration de l'instant, un frisson de flûte, un ébat de fougère, un duvet de bergère, pour que, au-delà des emphases, des redondances, des mornes convois de la lourdeur, frétille une lueur d'espoir comme un battement de cils. »

## Le calme et la patience

Ces vertus ne sont pas vraiment de votre âge, même si vous résistez plutôt bien au stress qui règne parfois autour de vous. Nous sommes dans une société de l'urgence et de l'efficacité : perte de temps, c'est perte d'argent ! Pourtant, vous savez bien que vous n'avez pas à être frénétiques et rentables. Résistez à la vitesse, prenez le temps de vous arrêter et de respirer. À tout moment, c'est par la respiration que l'on peut garder la paix en soi.

Bien des actions sont souterraines et ne porteront leurs fruits que longtemps après. C'est le cas de l'éducation. Le temps qu'on pourrait croire perdu devient alors le temps nourricier, indispensable à la vie qui court en rhizomes sous la surface des choses. Dans ce monde du faire, rester le nez en l'air a presque des airs de protestation sociale ! Prenez le temps de vous allonger sous les cerisiers et de suivre le coucher du soleil. L'essentiel ne se trouve pas dans la rapidité d'un effleurement, mais dans la nécessaire lenteur d'une maturation. L'infinie patience du vivant...

S'il est précieux de cultiver un vrai calme intérieur, c'est que les conflits résolvent rarement les différends. Une phrase ou une action nous déplaisent ? Nous avons le choix : soit réagir vivement, commencer une dispute, renvoyer un coup ou une injure, soit essayer de comprendre. Dans ce cas, il n'y a plus de colère. Nous pouvons ne pas être d'accord, mais nous aurons pris le temps de contrôler nos émotions, plutôt que de nous laisser emporter par elles. Le calme est contagieux. Essayez, et vous comprendrez vite combien vous êtes plus forts, à la fois plus respectés et plus respectueux, lorsque vous parvenez à régler les conflits autrement que par un renvoi d'agressivité. Je ne vous conseille nullement de vous « écraser ». Paisibles, vous êtes en état de trouver un point d'accord. Vous pouvez négocier une solution où aucun des partenaires ne sera écrasé. Vous êtes agressés par un autre ? C'est son problème, tâchez que ce ne soit pas le vôtre. Vous n'avez pas à prendre cela pour vous. Ni sur vous. Si vous devez vous expliquer avec quelqu'un, laissez passer quelques jours et faites-le à froid, avec des mots que l'autre peut entendre.

**La gentillesse**

« Être gentil », encore un mot qui ne vous emballe pas ! Trop simple, pas assez ambitieux. Pourtant, comme c'est exigeant d'être à l'écoute de l'autre ! Être gentil, n'est-ce pas faire taire un peu ses propres demandes pour faire de la place à celles de l'autre ? Le mot qui sait remercier, le petit geste qui fait plaisir. La gentillesse est dans les petites choses. Ne craignez pas qu'elles paraissent minuscules ou dérisoires : c'est en cela précisément qu'elles sont utiles. Mais nous sommes plus vifs, tous, à pointer ce qui ne va pas plutôt qu'à rendre grâces de ce qui va. Plus pointus dans le reproche que dans la gratitude. La gentillesse, c'est se demander souvent ce qui ferait plaisir à l'autre et lui en faire don, oublieux de soi pour un temps. Bien sûr, je n'ignore pas ce qu'il peut y avoir d'intéressé à se montrer gentil et à rendre l'autre redevable, ni combien c'est bon pour l'image de soi. Et alors ? Il faut s'estimer d'abord pour pouvoir estimer l'autre. Le don gratuit ? Efforçons-nous de donner à l'autre comme à nous-mêmes, comme la main droite donnerait à la main gauche. Et soyons vigilants à laisser à l'autre sa liberté, il ne nous doit rien.

> *« Elle dit, la voix reconnue,*
> *Que la bonté c'est notre vie*
> *Que de la haine et de l'envie*
> *Rien ne reste, la mort venue. »*
>
> VERLAINE

La gentillesse, c'est aussi la courtoisie, la politesse. Elle est prise en compte de l'autre et de ses valeurs. Il n'y a rien de respectable à laisser retomber une porte sur quelqu'un ou à couper la parole à celui qui vous parle. Choquer pour choquer est assez infantile. Laisser sa place à une personne âgée? Vous l'apprécierez peut-être dans une soixantaine d'années. Si ces gestes et ces signes n'ont aucune signification pour vous, ils en ont pour l'autre. Sortez de votre égoïsme et donnez. C'est ainsi que l'on sème la joie. Il est tout à fait justifié de vous demander de temps à autre ce que vous pouvez faire pour vous-mêmes : se faire du bien est indispensable. Parfois il s'agit tout simplement de prendre un grand bain, de l'exercice, du repos, ou un bon repas, parfois d'exiger de soi des choses plus difficiles mais que l'on sent nécessaires. Mais il est tout aussi justifié de se demander ce que l'on peut faire pour l'autre. Faire un pas de côté, un pas loin de soi, et se centrer sur l'autre. J'aime l'image de la glace sans tain : quand la lumière est de mon côté, c'est moi que je vois dans le miroir. Quand la lumière est du côté de l'autre, c'est l'autre que je vois.

**La confiance**

Je me souviens d'un soir, il y a quelques années, alors que je sortais et vous laissais seuls à la maison, je vous ai demandé de ne pas regarder la télévision et de vous coucher tôt. Tu m'as lancé : « À quoi ça sert de nous interdire ça? Tu sais très bien qu'on peut faire ce qu'on veut dès que tu as le dos tourné. » Cela sert à vous faire connaître mon avis et à vous dire ma confiance. J'aurais aussi bien pu débrancher le téléviseur ou faire venir une baby-sitter qui aurait été garante de mes instructions. Mais j'ai décidé de vous laisser libres de vous déterminer : faire ce que j'ai demandé ou passer outre. J'ai pris mes responsabilités de mère; à vous de prendre les vôtres. Notre entente se fonde sur une confiance réciproque. Si vous me confiez un secret, je n'irai pas le répéter. Si je vous donne ma parole, je ferai mon possible pour la tenir. J'attends de vous que vous essayiez de vous y tenir aussi. Sans cette confiance minimum, comment vivre ensemble?

Dans les relations que vous nouez avec d'autres, essayez-vous à la confiance « vigilance ». Cela vous donne le temps de voir ceux qui la méritent. Mais ne soyez pas trop exigeants. N'attendez pas des autres plus que vous ne pouvez donner vous-mêmes.

« Si on m'annonçait que la fin du monde est pour demain, je planterais quand même un pommier. » (Martin Luther) La confiance dans la vie est d'un autre ordre que la confiance en l'autre. Sans elle, sans la conviction absolue que la vie nous aime, comment avancer ? Même douloureuse, même pénible, la vie est tout ce que nous avons. Parfois, il nous paraît possible de décider, diriger, faire des choix, alors que d'autres fois tout semble nous échapper. C'est là, sans doute, qu'il faut lâcher. « Remettre toutes choses – toutes peines, toutes nuits et toutes morts – entre les mains abondantes de l'espace et du large[1]. » Tout tenter, puis s'en remettre à la vie pour ce qui ne dépend pas de nous. Je suis impuissante, je ne peux plus rien, alors je lâche. Humilité, encore, que cette confiance. Accepter de se faire prendre en charge, et que plus vaste que nous décide pour nous. Plutôt que de fermer les poings ou de les brandir, ouvrir les mains et se mettre en position de recevoir ce que la vie nous donne.

## La joie de la lecture

Vous n'aimez pas beaucoup lire. Pour vous, les livres se résument d'une part à quelques rares ouvrages sympathiques qui n'ont pas la faveur du professeur de lettres, d'autre part à ceux, toujours ennuyeux, dont ce même professeur vous impose la lecture. En cela, vous n'êtes pas différents de la plupart de vos contemporains. Plus agiles dans le décryptage d'un cédérom que dans celui d'un roman de Balzac. Plus habiles à surfer sur Internet que sensibles aux passions de Phèdre ou de Chimène. J'ai pourtant essayé tout ce qui était en mon pouvoir pour vous faire aimer la chose écrite, le style, les mots, les histoires. L'éducation que je vous ai donnée commençait aussi par là, très tôt. Je vous ai lu tant de livres ! Pour-

1. Christian Bobin, *La Part manquante*, Gallimard, « Folio », 1989.

tant je n'ai pas su vous communiquer ce qui faisait ma joie. Pour l'instant. Concurrence déloyale de l'image et de la passivité qu'elle encourage ? Peut-être, mais l'explication me semble un peu courte. Vous comparez la lecture à la télévision : c'est un match que les livres perdent chaque fois. Compétition injuste, tant ce qui se joue dans chacun de ces domaines est différent. Un film se livre à vous et vous donne tout, d'emblée, sans que vous ayez d'effort à fournir. Dans la lecture, on est actif, créatif, partie prenante.

Comme vous n'avez jamais passé beaucoup de temps devant la télévision, vous accusez les cours, le travail, la fatigue, pour expliquer que vous n'ayez pas le temps de lire. Mais, comme l'écrit Daniel Pennac[1] :

« Dès que se pose la question du temps de lire, c'est que l'envie n'y est pas. Car, à y regarder de près, personne n'a jamais le temps de lire. Ni les petits, ni les ados, ni les grands. La vie est une entrave perpétuelle à la lecture. [...] Le temps de lire, comme le temps d'aimer, dilate le temps de vivre. » Il ajoute que la lecture relève, comme l'amour, d'une manière d'être. La question est de savoir si l'on s'offre, ou non, le bonheur de lire.

Je ne crois pas que vous ayez manqué de temps, mais plutôt que, de votre temps d'enfance, vous avez fait autre chose : des jeux, des fous rires, des rêveries, du temps partagé. Et tant mieux. Toutefois je reste convaincue, parce que je crois en vous profondément, que vous découvrirez un jour l'amour des livres. Vous ne pourrez pas, pour devenir pleinement adultes, faire l'impasse totale sur ce mode de connaissance. Il y va, je crois, de votre humanité et de votre liberté. Les régimes autoritaires n'en viennent-ils pas tous à contrôler ce qui s'écrit et à limiter ce qui se lit ? De l'entretien de l'ignorance du peuple dépend leur sécurité. La lecture nous plonge bien au cœur de notre sensibilité personnelle et de notre ouverture au monde. Lire, n'est-ce pas, d'une certaine façon, « faire ses humanités » ?

Ce qui t'empêche de lire, m'as-tu dit un jour, c'est qu'il y a tant de livres que tu ne pourras jamais les lire tous, jamais en finir. C'est justement ce qui m'émerveille. Avec l'amour des

1. *Comme un roman*, Gallimard, 1992.

livres, je ne serai jamais seule, je ne m'ennuierai jamais, je ne serai jamais à court de réflexions ni de rêves. La lecture ne craint ni la solitude ni le silence. Elle s'accorde à l'extrême lenteur de l'essentiel. Est-ce justement une raison de sa désaffection croissante, dans un monde où nous ne savons plus rester en repos ? La culture de l'image et des sous-titres prend le pas sur celle de la langue. On va au plus facile, au plus digeste. Sommes-nous tous si fatigués, si peu exigeants de ce qui nous nourrit ? J'essaie de ne pas juger, et pourtant je suis inquiète.

Bien sûr, j'ai parmi mes amis des gens formidables qui ne lisent pas. Libre à vous de décider un jour de faire partie de ceux-là. Mais alors vous aurez fait ce choix en toute indépendance, et non parce que les livres se seront refusés à vous (trop difficiles, trop longs, trop obscurs, trop ennuyeux). Je crois que mon devoir est de vous aider à franchir la porte des livres et de leur mystère. De vous initier au bonheur d'une histoire, d'un style. Libre à vous, ensuite, de préférer d'autres loisirs. Le livre ne prendra jamais, dans l'ordre des priorités, la place du vivant. Vos histoires de vie seront toujours plus importantes que celles du meilleur des romans. Si les livres ne sont pas une aide à vivre, ne vous apprennent pas à aimer, ne vous renvoient pas à plus vaste qu'eux, ce serait une erreur de ne pas leur préférer une promenade dans les bois ou un moment de tendresse partagée. Les livres, comme tout le reste, n'ont de valeur qu'au service de l'amour et de la vie.

## Le respect de la vie et de la nature

Nous sommes nature bien plus que culture, animaux attachés à cette terre-mère, dépendants des grands équilibres planétaires, mais, enfoncés dans le confort de nos villes, nous l'oublions. Nous laissons les déchets s'accumuler, les forêts brûler, les villes nous étouffer, le monde se bétonner. Nous oublions nos solidarités premières et les liens qui nous unissent. À un certain niveau, qui dépasse nos petites individualités, nous ne faisons qu'un. Il n'y a pas de différence entre moi et la rivière, le paysan chinois ou la forêt équatoriale. La terre est notre cœur : nous ne pourrons lui survivre et pourtant nous

nous acharnons à la détruire. Parce que, emprisonnés en nous-mêmes, nous ne voyons que nos intérêts à court terme.

Je vous livre ce proverbe cree, des Indiens du Canada :

*« Quand le dernier arbre sera abattu,*
*La dernière rivière empoisonnée,*
*Le dernier poisson pêché,*
*Alors vous découvrirez*
*Que l'argent ne se mange pas. »*

Je vous ai enseigné à respecter votre environnement. Une morale civique d'abord : on n'abîme pas les lieux qui servent à tous, on n'épuise pas inutilement les ressources limitées, on tente d'œuvrer pour le bien commun, présent et à venir. Une éthique personnelle ensuite : on ne tire pas les moustaches du chat, on ne cueille pas inutilement des fleurs pour les jeter ensuite, on ne met pas d'animaux libres en cage ou en bocal, on ne tue pas qui ne met pas notre vie en danger, en tout cas chaque fois que l'on peut faire autrement. Comme le disait si justement Lanza Del Vasto : « Tu crois pouvoir écraser cette chenille ? Bien, c'est fait. Ce n'était pas difficile. Bien. Maintenant, refais la chenille. » Ces tentatives de respecter la vie et de ne pas la détruire inutilement nous ont amenés à des comportements amusants. Je repense à cette tapette à souris qui se contentait d'appâter les petits animaux avec un morceau de fromage, puis de les emprisonner dans une boîte en plastique transparente. Ravis, vous mettiez la boîte sur le porte-bagages du vélo et filiez, à quelque distance de la maison, libérer les petites souris en plein champ.

Les bouddhistes font ce serment : « Je fais le vœu de développer ma compassion et ma compréhension afin d'aimer, de protéger et de vivre en harmonie avec les êtres humains, les animaux et les plantes. » C'est une position juste, une intention dans laquelle je souhaite que nous nous inscrivions.

Sur le vaisseau Terre, il n'y a pas de passagers, nous sommes tous membres d'équipage, tous responsables de la planète et de son avenir. Nous ne sommes qu'un maillon dans une très longue chaîne. Aurez-vous pour autant une démarche écologique active ? Serez-vous attentifs à ce que vous mangerez ? À ne pas gaspiller l'eau et le bois ? À privilégier ce qui se récupère sur ce qui se jette ? Ces choix de vie vous appartiennent. Faites-les avec une grande vigilance. Nous sommes souvent coupables par simple négligence ou un peu de lâcheté. Pour ce qui concerne les aliments, je veux juste vous dire deux choses. La première est simple : nous sommes ce que nous mangeons. C'est avec la nourriture que nous nous construisons. Plus ou moins lourds, plus ou moins dynamiques, en plus ou moins bonne santé. Le corps que nous sommes, support de tout notre être, ne peut s'entretenir qu'avec ce qu'on lui donne. Comme la terre, il y a des déchets dont il ne sait pas se débarrasser. Il n'est donc pas anodin de lui imposer hormones, virus, pesticides, aliments toxiques ou simplement inutiles. Chacun doit savoir ce qui convient à son propre corps et quels sont ses besoins réels. Manger n'importe quoi n'importe quand ne nous construit pas de la même manière que si nous mangeons équilibré, sain et en quantité mesurée.

La seconde chose sur laquelle vous pouvez réfléchir est illustrée par ce passage du *Petit Prince*, de Saint-Exupéry, dont vous vous souvenez peut-être : « Je soulevai le seau jusqu'à ses lèvres. Il but, les yeux fermés. C'était doux comme une fête. Cette eau était bien autre chose qu'un aliment. Elle était née de la marche sous les étoiles, du chant de la poulie, de l'effort de mes bras. Elle était bonne pour le cœur, comme un cadeau. » On ne se nourrit pas que d'aliments. Le corps se nourrit aussi de l'air qu'il respire, de l'eau qu'il boit, des impressions et des sensations qu'il engrange. Là aussi peut se nicher ce qui abîme, ce qui alourdit, ce qui empoisonne. Entre l'écologie du corps et celle de l'esprit, il n'y a pas de différences.

Même en étant des enfants de la ville, vous pouvez développer avec la nature un lien privilégié, une relation de confiance et de soutien mutuels. Voici par exemple une chose que vous pouvez faire. Choisissez un lieu, dans la nature, que vous connaissez et où vous vous sentez bien. Jardin, prairie, coin de forêt, colline, ce lieu a une place particulière dans votre cœur. Vous en connaissez chaque détail. Vous savez ce que les saisons font à ses arbres ; le nom de ses baies et l'odeur de son herbe. Ce lieu que vous avez adopté, vous pouvez venir vous y ressourcer lorsque vous en éprouvez le besoin. Faites des arbres vos amis, serrez leur tronc entre vos bras pour vous remplir de leur force et de leur sève. Allongez-vous le nez dans l'herbe et faites un avec l'humus. Si vous savez vous enraciner dans un coin de terre, vous ne pourrez plus être emportés par la première bourrasque venue. Les jours où vous vous sentez mal, éloignés de vous-mêmes, allez vous ressourcer dans ce coin de nature, prenez le temps de vous retrouver vous-mêmes. Si vous ne pouvez pas vous rendre dans ce lieu, alors allongez-vous tranquillement où vous voulez et fermez doucement les yeux. Respirez, calmes, puis transportez-vous par la pensée dans ce lieu de paix et d'énergie que vous avez élu.

### Le sourire et la joie

Fuyez le tragique, le grave qui ne sait pas être joyeux. Mettez de la légèreté là où le monde est trop lourd. Tournez-vous vers le soleil. Riez, dansez, chantez. Laissez-vous porter par les souffles du vent, laissez-vous séduire par les parfums. Sentez votre cœur se dilater, s'envoler. L'esprit d'enfance n'est pas incompatible avec l'entrée dans l'âge adulte. Sachez être dans l'instant et laissez-vous illuminer. Réjouissez-vous du soleil comme d'un bel orage, des commencements comme des fins qui ouvrent sur autre chose. Prenez la vie comme elle vient. Vous êtes les premiers à dire « On ne va pas se prendre la tête avec ça ! » et vous avez bien raison.

« La joie est comme le soleil : une force qui fait lever le grain et qui met l'homme debout. » (Christiane Singer) Parfois, la joie est un cadeau que la vie nous fait. Elle jaillit comme une source au détour d'une rencontre, d'une musique, d'une caresse, d'un paysage. Notre cœur devient léger et la lumière éclaire nos yeux. D'autres fois, il nous faut un courage énorme pour simplement sourire. Pourtant la joie peut être là, même au milieu des problèmes et des contrariétés. La joie n'est pas un plaisir passager, provoqué par réaction à un événement agréable. État spontané du petit enfant, elle est une acceptation profonde de la vie et une attitude positive sur le chemin qui est le nôtre. La joie dont je parle ne craint ni l'orage ni la sécheresse et peut prendre en son sein la tristesse et l'absence. La joie est juste un autre nom pour la vie.

La joie amène le sourire, bien sûr. Mais savez-vous que le sourire amène la joie ? Essayez de développer une véritable ascèse du sourire. Souriez au jour et à la nuit. Souriez aux autres, souriez dans les ennuis et les émotions. Souriez en vous réveillant et en vous endormant. Souriez comme vous respirez. De tout votre être et pas seulement avec les muscles du visage. Souriez intérieurement, avant que le sourire prenne forme sur votre visage. Cela vous semble idiot, trop simple, ou au contraire trop difficile ? Essayez quand même et vous verrez.

**« Carpe diem » (Horace)**

Profitez du jour qui est là. Cette journée ne se reproduira jamais, pas plus que l'instant présent. Chacun de nos instants est à la fois unique et éternel. Comment être heureux ailleurs qu'ici et maintenant ? Nous n'avons rien d'autre que ce qui est là.

> *« Plus tard il sera trop tard*
> *Notre vie c'est maintenant*
> *Embrasse-moi. »*
>
> Jacques Prévert

Jamais personne n'a encore vécu, mangé, ri, embrassé, parlé, résolu un problème, dans le passé ni dans l'avenir. Notre seul espace d'action et de liberté est ici et maintenant. Tout le temps passé à ressasser, rêvasser ou anticiper est du temps perdu. La joie qui dure est à rechercher là, dans l'instant et dans l'action. Cela suppose de développer une grande vigilance. Être attentif à ce que l'on fait ou à ce que l'on dit. Être conscient de ses émotions, de ses désirs ou de ses peurs. Ne pas se perdre dans ses pensées. Essayez cette chose toute simple : marcher, dans la rue ou dans la campagne en étant simplement conscients du fait que vous marchez (position du corps, respiration, alternance des pieds, etc.). Combien de minutes, voire de secondes, tenez-vous avant d'être emportés loin de là par les pensées ? Vivre dans l'acte, être conscient de son environnement, jouir de la seconde présente. Essayez.

Soyez entiers si vous parlez ou si vous écoutez, entiers si vous travaillez ou si vous mangez. Profitez de chaque détail, réjouissez-vous de chaque seconde de vie. Demain, il sera trop tard. Tout est là, toute la vie, dans cet instant. Ce livre ne dit que cela : apprendre à voir, apprendre à aimer, apprendre à vivre. Ici et maintenant. C'est tout simple. Mais les choses importantes sont toujours simples. Dès que c'est compliqué, vous vous éloignez de l'essentiel et de la vérité. C'est la simplicité et l'évidence qui sont mystérieuses, riches, profondes. Soyez simples, habitez l'instant, et lâchez tout le reste.

Allez, oubliez ces mots, lâchez-les aussi. Ils ne valent pas mieux que le silence. C'est à la source vive de votre cœur, maintenant, que vous allez puiser…

# Table des matières

Bien-être

7225

Composition Chesteroc International Graphics
Achevé d'imprimer en Europe (France)
par Maury-Eurolivres – 45300 Manchecourt
le 25 juin 2001.
Dépôt légal juin 2001. ISBN 2-290-31052-2

Éditions J'ai lu
84, rue de Grenelle, 75007 Paris
*Diffusion France et étranger : Flammarion*